Mis primeras historias de la Biblia

A la memoria de Phyl

**Adaptado por Jillian Harker
y Michael Phipps**

A mamá y papá por su amor y apoyo incondicional

Copyright © PARRAGON 2001,
Queen Street House, 4 Queen Street, Bath BA1 1HE, RU

Creado y producido por: THE COMPLETE WORKS

Copyright © 2003 de la edición española: Parragon
Traducción del inglés: Carmen García del Carrizo
para Equipo de Edición, S.L., Barcelona
Redacción y maquetación: Equipo de Edición, S.L., Barcelona

Impreso en China

ISBN 1-40541-485-5

Mis primeras historias de la
Biblia

Ilustrado por John Dillow

EL
ANTIGUO
TESTAMENTO

EL
NUEVO
TESTAMENTO

EL ANTIGUO TESTAMENTO

Así comenzó
el mundo

GÉNESIS: 1-2

Hace mucho, mucho tiempo no había ríos,
ni montañas, ni arroyos ni colinas. No se veía
nada de nada, sólo la oscuridad. Pero Dios
estaba allí y puso luz a esa oscuridad. De esta
manera nació el primer día.

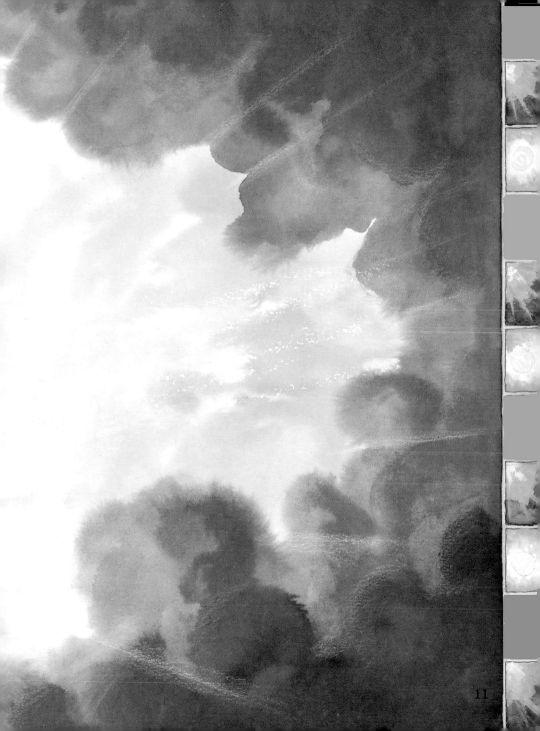

11

Dios comenzó a crear los mares...

y, entre los mares, creó tierra firme,
cubriéndola de toda clase de árboles y plantas.

Por encima de todo esto, Dios colocó un sol deslumbrante para que brillara por el día...

y una luna trémula para que brillara por la noche. Adornó el cielo con millones de estrellas parpadeantes...

y así comenzó el mundo.

Después llenó los mares de peces de muchos colores. Y añadió cangrejos rastreros, tiburones astutos y ballenas gigantes.

Por encima de la tierra, hizo que los pájaros revolotearan y volaran haciendo piruetas. Bonitas mariposas, abejas atareadas y murciélagos inquietos ocuparon el cielo.

Para las zonas de tierra, Dios creó animales de todas las clases. Hizo que galoparan y trotaran, que saltaran y brincaran.

Luego creó al primer hombre y a la primera mujer, Adán y Eva, y les encargó que cuidaran de todas las criaturas.

Todo era alegre y estaba bien hecho. Completar este mundo nuevo había durado seis días. Dios decidió descansar el séptimo, y fue para Él un día especial.

15

Perfecto por poco tiempo

GÉNESIS: 2-3

En un sitio especial, Dios plantó un jardín para que vivieran allí Adán y Eva. Estaba lleno de plantas exuberantes y preciosas y de flores fantásticas. Brotaban del suelo muchos arroyos y todos los árboles estaban cubiertos de frutas para que comieran Adán y Eva.

En el jardín vivían tantas clases diferentes de animales, que Adán tardó muchas horas en ponerle un nombre a cada uno... gato, gorila, gusano, hámster, hiena, hipopótamo, hurón...

Adán y Eva vivían felices en el jardín del Edén. Lo cuidaban mucho y también a las criaturas que vivían allí. Tenían todo lo que necesitaban.

En el centro del jardín crecía un árbol especial. Le llamaban el árbol de la sabiduría. Dios les dejó muy claro que ese árbol era diferente a los otros árboles.

"No tenéis que comer la fruta de ese árbol", les advirtió Dios a Adán y Eva. "Podéis comer fruta de cualquiera de los otros, pero si coméis fruta de éste, os sucederán cosas malas".

Y durante un tiempo Adán y Eva hicieron lo que Dios les había dicho.

Pero en el jardín del Edén vivía una serpiente astuta que quería tenderle una trampa a Eva.

Un día, la serpiente vio a Eva junto al árbol de la sabiduría y se deslizó hacia ella susurrando bajito: "Mira que fruta más maravillosa".

"Tengo prohibido tocarla", dijo Eva.

"S-saborea s-su dulce gus-s-sto", siseó la serpiente.

"Dios nos dijo que no tocáramos el árbol", protestó Eva.

"¡Ja!", rió la serpiente. "Dios no quiere que sepas lo que Él hace, lo que es bueno y lo que es malo".

Eva miró la deliciosa fruta preguntándose
qué se sentiría sabiendo todo lo que Dios sabe.
Alzó la mano y tomó una fruta que parecía
jugosa y le dio un mordisco.

Después se la
pasó a Adán
para que la
probara. Desde
ese momento
las cosas
empezaron
a ir mal.

Cuando Dios habló con Adán y Eva aquella noche, ya sabía lo que habían hecho. Estaba enfadado y les ordenó abandonar el jardín inmediatamente.

Mientras Adán y Eva se marchaban, Dios envió a un ángel para que no les dejara volver.

Cuando Adán y Eva vivían en el jardín del Edén tenían todo lo que necesitaban y nunca se habrían hecho viejos. Ahora todo esto había cambiado. Tenían que trabajar duro y sabían que algún día se morirían.

El mundo de Dios nunca más volvió a ser perfecto.

Dos hijos: Caín y Abel

GÉNESIS: 4

Después de dejar el jardín del Edén, Adán
y Eva tuvieron dos hijos: Caín y Abel.
Cuando se hicieron mayores, Caín trabajaba
en el campo, cultivando la tierra, y Abel
cuidaba de las ovejas.

Un día, los dos hermanos decidieron hacerle una ofrenda a Dios. Caín llevó comida de su cosecha y Abel llevó un cordero.

Pero Dios sólo estuvo contento con la ofrenda de Abel. Porque había mirado en los corazones de los dos hermanos y vio que Abel era bueno y honesto, mientras que Caín era malo y envidioso.

Caín se puso furioso y tuvo celos de su hermano, así que decidió matarlo.

25

Un día, Caín le propuso a Abel que fueran juntos de paseo. Cuando estuvieron lejos, Caín mató a su hermano. Pensó que nadie le había visto, pero Dios lo había visto todo.

Cuando Dios preguntó a Caín que dónde estaba Abel, éste mintió y dijo: "No lo sé".

"Has hecho una cosa terrible", dijo Dios. "No puedes quedarte más tiempo en esta tierra".

"Ese castigo es demasiado duro", lloró Caín. "Me estás apartando de mi tierra y de tu presencia. La gente querrá matarme por lo que he hecho".

"No", dijo Dios. "Yo no permitiré que pase eso. Me aseguraré de que nadie te haga daño".

Caín dejó su casa, nunca regresó y fue a vivir a un país llamado Nod, que significa "errante", para el resto de su vida.

Un nuevo comienzo

GÉNESIS: 6-9

Pasaban los años y el pueblo de Dios cada vez se iba haciendo más malo. Dios miró el mundo y vio que no era como a Él le gustaría que fuese. Y decidió acabar con todo. El mundo necesitaba un nuevo comienzo.

Dios iba a mandar un gran diluvio para que se llevara todas las cosas malas. Pero intentó salvar a Noé, que era un hombre bueno y amable, y también a su familia.

Dios le dio a Noé instrucciones muy claras y le dijo que se preparara para el diluvio.

Le pidió que construyera un barco enorme,
llamado arca. Todo el mundo se reía de Noé
porque no había agua para navegar por allí.
Pero Noé no les hizo caso.

Siguió construyendo durante meses
hasta que tuvo un arca tan
enorme, que era tan grande
como la casa más alta
de la región.

31

Cuando el barco estuvo terminado, Noé lo
llenó con comida para mucho tiempo. Después
reunió a una pareja de cada uno de los animales
del mundo y los metió en el arca. Poco a poco la
cubierta se fue llenando de criaturas que iban
andando y arrastrándose, reptando y resbalando,
saltando y serpenteando, hasta que por fin
estuvieron todos a bordo.

Cuando Noé, su esposa y el resto de su
familia subieron también, Dios cerró la puerta
del arca con firmeza.

Y comenzó a llover. Al principio sólo chispeaba.
Después empezaron a caer unos goterones muy
grandes que golpeaban la tierra con fuerza
como si fuera un tambor gigante. Los arroyos se
convirtieron en ríos y los ríos, en mares. Y todos
los mares se unieron formando un solo mar. El
agua inundó toda la tierra de Dios, hasta que
ya no se vieron ni las cumbres de las montañas.
Todas las personas y los animales se ahogaron
entre las olas.

Estuvo llueve que te llueve durante cuarenta días y cuarenta noches, y como sólo se veía agua, el mundo parecía un lugar muy triste y abandonado.

Finalmente dejó de llover
y las aguas comenzaron
a bajar. Noé abrió una
ventana y dejó salir
a un cuervo. Pero el agua
todavía lo cubría todo y
el cuervo no volvió.

Noé esperó un tiempo y soltó a una paloma.
Pero regresó enseguida porque las aguas
todavía estaban muy altas.

Cuando Noé lo volvió a intentar, la paloma
volvió trayendo en el pico una reluciente
ramita de olivo. Noé supo así que las aguas
habían bajado y que los árboles y las plantas
estaban creciendo otra vez.

Cuando Noé envió de nuevo la paloma, ya no
regresó. El diluvio había terminado.

Noé abrió las puertas del arca y los animales
salieron disparados hacia la tierra seca.

"Nunca más destruiré a todos los seres vivos
con un diluvio", prometió Dios a Noé. "Cada
vez que veas el arco iris en el cielo, recuerda mi
promesa y estate seguro de que la cumpliré".

37

La torre más alta

GÉNESIS: 11

En los años siguientes al gran diluvio, la familia
de Noé se fue haciendo cada vez más y más
grande. Había nietos, bisnietos y tataranietos,
y comenzaron a llenar todos los rincones del
mundo como Dios quiso que hicieran. La lengua
que hablaban todos era la misma, así que
siempre podían entenderse.

Un grupo formó su hogar en un lugar llamado
Babilonia. Lentamente fueron aprendiendo
nuevas habilidades, por ejemplo cómo fabricar
ladrillos. Usaban betún para pegar los ladrillos
y construían sus casas con ellos.

Un día, alguien sugirió que construyeran
la torre más alta que nunca se hubiera visto.
Así se harían famosos en toda la Tierra.
Y empezaron a trabajar en seguida

Dios veía cómo la torre iba creciendo
y creciendo y estaba muy triste.

Sabía que sólo estaban haciendo la torre
para llegar a ser importantes y admirados.
Se creerían que eran tan grandes como Dios.
Tendrían ideas cada vez más ambiciosas y
llegarían a hacerse tan malvados como la
gente de antes del diluvio.

Dios no perdió el tiempo. Las personas tenían
que poder hablar entre sí para terminar la
torre. Si hablaran en lenguas diferentes y no
pudieran explicarse las ideas mutuamente,
tendrían que parar la construcción.

Así que Dios hizo que la gente hablara
muchas lenguas diferentes y los envió a vivir
por todo el mundo, a otros países.

Padre de una gran nación

GÉNESIS: 12-13, 15, 18, 21

Y sucedió que Abraham, uno de los descendientes de Noé, se asentó en un lugar llamado Jarán. Abraham era un hombre bueno, que creía en Dios. Él y su esposa Sara eran ya muy viejos y no tenían hijos.

Un día, Dios le pidió a Abraham que dejara la tierra que consideraba su casa y se fuera a un país llamado Canán. "Si confías en mí", dijo Dios, "Yo te haré el padre de una gran nación".

Abraham confió en Dios. Así que recogió
todas sus cosas y se puso en camino con Sara,
sus siervos, los rebaños y su sobrino, Lot,
hacia una tierra desconocida.

43

Fue un viaje difícil y pasaron muchos años hasta que Abraham y su pueblo llegaron a Canán.

Las cosas marcharon bien durante un tiempo, hasta que un día Abraham se dio cuenta de que no había bastante comida y agua para todo el mundo. Aceptó que Lot y su familia se fueran a las tierras fértiles que había más abajo, mientras que él y Sara se quedaron donde el suelo era más pobre.

Cuando Lot se había marchado, Dios habló a
Abraham: "Te daré toda la tierra que tus ojos
ven y será tuya para siempre", dijo. "Tendrás
tantos hijos, nietos y bisnietos como estrellas
hay en el cielo. Y serás el padre de una gran
nación que durará mucho, mucho tiempo".

Unos años más tarde, llegaron tres hombres a casa de Abraham. Éste les ofreció pan recién salido del horno, carne asada, leche y nata.

Después de la comida, los hombres dijeron a Abraham y a Sara: "Tendréis un bebé dentro de nueve meses". Sara se rió porque ya era demasiado vieja para tener un niño.

Pero pasaron nueve meses y la promesa de Dios se hizo realidad. Sara y Abraham tuvieron un hijo: Isaac. Cuando nació, Abraham recordó que Dios le había dicho que sus hijos serían el comienzo de una gran nación. Abraham supo que algún día esto se haría realidad.

La esposa para Isaac

GÉNESIS: 24

Pasó el tiempo. Isaac se convirtió en un muchacho joven y guapo. Cuando Sara murió, Abraham decidió que Isaac tenía que casarse. Y envió para ello a su siervo más fiel.

"Tienes que ir a mi país de origen", le dijo Abraham. "Busca una esposa para Isaac. Tiene que ser alguien de mi propia gente".

"¿Y si la muchacha no quiere venir hasta aquí?", preguntó el siervo. "¿Tendré que llevarme a Isaac a tu país de origen?".

"¡No!", le dijo Abraham con firmeza. "Esta tierra forma parte del plan de Dios para mi pueblo. Si la muchacha no quisiera venir, regresa sin ella".

Así que se cargaron los camellos y el siervo se puso en marcha para el largo viaje.

49

Por fin, el siervo llegó al lugar en el que vivía Najor, el hermano de Abraham. Era ya muy tarde y los camellos estaban muy cansados. El siervo les quitó a los camellos su pesada carga para que descansaran junto al pozo del pueblo y comenzó a rezar.

"Por favor, Dios, ayúdame a hacer lo que me pidió Abraham. Pronto vendrán las mujeres a sacar agua del pozo y le pediré a alguna de ellas que me dé de beber. Si es sensata y trae agua también para los camellos, será la esposa apropiada para Isaac". De repente, el siervo levantó la cabeza y vio a una guapa muchacha que llevaba una jarra de agua.

Vio cómo la chica llenaba su jarra de agua y le pidió que le diera de beber. Ella le ofreció su jarra y fue corriendo a buscar agua para los camellos.

"¿Sería posible...", preguntó él, "que pase esta noche en casa de tu padre?".

"Seguro que sí", contestó ella, y le dijo que era Rebeca, la nieta de Najor.

El siervo dio las gracias a Dios por haberle llevado directamente a la familia de Abraham.

Rebeca corrió a su casa a contar a todo el mundo lo que había pasado.

Su hermano, Labán, dio la bienvenida al extranjero y le preparó la comida.

Entonces, el siervo explicó la razón de su viaje y la familia de Rebeca entendió que Dios pretendía que ella fuera la mujer de Isaac.

A la mañana siguiente, el siervo de Abraham estaba muy ilusionado con la vuelta a casa. Aunque suponía dejar a su familia y vivir lejos de allí, Rebeca aceptó irse con él. Le dijo adiós a todo el mundo y después los dos emprendieron el viaje de vuelta a Canán.

Era ya tarde cuando Isaac vio la caravana de camellos acercándose a su casa.

Isaac intentó escuchar la historia del viaje que contaba el siervo, pero apenas podía oírle. Estaba muy ocupado mirando a la guapa muchacha que había venido desde tan lejos para ser su mujer.

Se casaron muy pronto e Isaac quiso muchísimo a Rebeca.

Los hijos de Israel

GÉNESIS: 25, 27-29, 32-33

Tiempo después de la boda de Isaac y Rebeca, ésta dio a luz a dos mellizos. Cuando se hicieron mayores eran muy diferentes el uno del otro. Esaú, el que nació primero, era el favorito de Isaac, y le encantaba la vida al aire libre. Le gustaba cazar y a veces traía carne a casa de sus cacerías. Isaac disfrutaba comiendo filetes.

Jacob, el segundo y el favorito de Rebeca, era tranquilo. Prefería quedarse en casa.

Esaú y Jacob también eran distintos físicamente. Jacob no era pelirrojo, ni tenía el pelo rizado como su hermano Esaú.

Al envejecer, Isaac se quedó ciego. Creía que iba a morir pronto. En aquellos tiempos era importante que el padre bendijera al hijo mayor, para que fuera el cabeza de familia. Un día Isaac mandó a Esaú a cazar. Así podrían comer juntos su carne favorita antes de la bendición.

Rebeca quería que Jacob recibiera la bendición. Pensaba que Isaac no se daría cuenta, si Jacob se hacía pasar por su hermano.

Así que preparó la carne favorita de Isaac y vistió a Jacob con las ropas de Esaú. Le puso piel de cabra en los brazos para que pareciera que los tenía peludos como su hermano. Después lo envió a ver a Isaac con la comida.

59

Al principio todo iba bien. Isaac olió la deliciosa comida y extendió las manos hacia su hijo; al notar la piel de cabra pensó que estaba tocando los brazos de Esaú. Pero la voz sonaba extraña.

"¿De verdad eres Esaú?", preguntó Isaac a su hijo.

"Sí, soy Esaú", mintió Jacob a su padre.

Así que Isaac pidió a Dios que bendijera a Jacob, pensando que era su hijo mayor.

Cuando Esaú volvió y le llevó comida a su padre, se enteró de todo. Esaú se enfadó tanto que Rebeca se asustó. Se las arregló para convencer a Isaac de que sería una buena oportunidad para que Jacob consiguiera una esposa entre su propia gente.

Decidieron mandar a Jacob a casa del hermano de Rebeca, Labán, hasta que Esaú se hubiera calmado un poco.

Jacob se puso en camino sintiéndose solo y asustado. Al atardecer acampó en un valle y se echó a dormir. Durante la noche tuvo un sueño. Vio una escalera que llegaba al cielo por la que subían y bajaban ángeles. Entonces Dios habló a Jacob: "Te daré a ti y a tus hijos la tierra en la que estás tumbado. Estaré pendiente de ti y te cuidaré vayas a donde vayas".

Cuando Jacob se despertó, estaba muy asustado. Tenía por delante un viaje muy largo a un país extraño. "Si me proteges y me devuelves sano a casa como me dijiste", rezó Jacob, "serás siempre mi Dios". Después, con energías renovadas, continuó el viaje al país de su madre.

63

Cuando Jacob llegó por fin, fue muy bien recibido. Se enamoró de Raquel, la hija pequeña de Labán. Sin embargo, había una costumbre por la cual la hija mayor se tenía que casar primero, así que Jacob tomó a Lía, la hermana de Raquel, como primera esposa. Pasado un tiempo, se casó con Raquel.

Muchos años después, Jacob decidió regresar a Canán con sus esposas y su familia. Pero por el camino de repente le entró miedo. ¿Cómo le trataría Esaú? ¿Le habría perdonado ya? Así que Jacob mandó por delante a unos mensajeros que volvieron con noticias preocupantes. Esaú venía de camino con cuatrocientos hombres.

Jacob eligió varios animales para regalárselos a su hermano. Se los llevaron unos siervos. Solo en el campo, Jacob empezó a preocuparse por el reencuentro con su hermano y le pidió ayuda a Dios. De repente apareció un extraño y los dos hombres comenzaron a luchar. Ese extraño era Dios y había venido para confirmarle a Jacob que estaba actuando bien. Cuando el extraño se fue, Jacob supo que había sido bendecido y desde aquel momento se llamaría Israel.

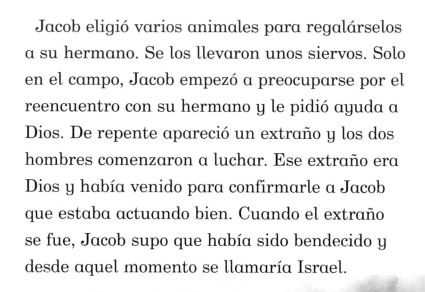

Cuando Esaú y sus hombres se acercaron a Jacob, en contra de lo que éste esperaba, no hubo ningún problema. Esaú saludó a su hermano con los brazos abiertos y olvidaron todas las antiguas peleas.

"Ver tu cara de bienvenida ha sido como mirar la cara de Dios", dijo Jacob, lleno de alegría.

Muchos años después, la familia de Jacob llegó a ser conocida como los hijos de Israel. La promesa de Dios se había cumplido.

Vendido por veinte monedas de plata

GÉNESIS: 37

Jacob tuvo doce hijos, diez con Lía y dos –José y Benjamín– con Raquel. El favorito de Jacob era José, y lo mimaba mucho. Por eso, a los otros hermanos no les caía bien. Cuando el padre le dio a José una túnica especial, los hermanos se pusieron muy celosos.

José empeoraba las cosas, porque insistía en contarle sus sueños a todo el mundo, y en ellos él siempre era la persona más importante.

En un sueño, José le dijo a sus hermanos que sus gavillas de grano se doblarían antes que la suya. "¿Piensas que vas a ser el rey y vas a mandar sobre todos nosotros?", preguntaron sus hermanos. Él no contestó.

Un día, Jacob envió a José a ver a sus hermanos que estaban cuidando de las ovejas.

Cuando los hermanos vieron venir a José, tramaron un plan para matarlo. Después echarían su cuerpo a un pozo seco muy profundo y dirían que lo había devorado un animal salvaje. Estaban hartos de José y de sus sueños.

Cuando llegó José, sus hermanos lo agarraron, pero Rubén, el mayor, les convenció para que reflexionaran. "Vamos a bajarlo al pozo y lo dejaremos allí hasta que se muera", dijo, pensando en rescatar en secreto a José más tarde.

José no pudo defenderse de sus hermanos, que le desgarraron la túnica y lo tiraron al pozo oscuro y profundo.

Un poco más tarde, mientras los hermanos estaban comiendo, pasaron por allí unos mercaderes de especias de camino a Egipto. Al verlos, Judá tuvo una idea.

"No ganaremos nada con que se muera José", dijo. "¿Por qué no lo vendemos como esclavo?".

Y eso acordaron. Sacaron a José del pozo y lo vendieron por veinte monedas de plata al primer grupo de mercaderes que pasó por allí.

Después, los hermanos mataron una cabra y mancharon con su sangre la túnica de José.

Cuando Jacob vio la túnica rota, creyó que lo había matado un animal. Y se le partió el corazón.

Mientras tanto, en Egipto, los mercaderes habían vendido a José a Putifar, el capitán de la guardia de la corte del Faraón.

José es encarcelado

GÉNESIS: 39-41

A lo largo de los años José sirvió bien a
Putifar. Con el tiempo, lo pusieron al cargo de
la casa de éste y, más adelante, de todas sus
tierras. Pero llegaron los problemas.

La esposa de Putifar estaba molesta con José y le contó mentiras a su marido, diciéndole que José la había atacado. Putifar ordenó que lo encarcelaran.

Pero resultó que también el mayordomo y el panadero del Faraón estaban en la misma celda. José recibió el encargo de servirlos.

Una noche tuvieron sueños inquietantes y José les dijo: "Dios nos puede mostrar lo que significan los sueños. Contadme qué habéis visto".

El mayordomo le habló a José de una parra con tres racimos. Él había exprimido el zumo de las uvas en la copa del Faraón y se lo había dado para que bebiera.

"El significado está claro", dijo José. "Dentro de tres días serás libre y volverás a trabajar. Por favor, habla bien de mí".

José se volvió al panadero. "Tu dijiste que en tu sueño llevabas sobre la cabeza tres cestas llenas de pan y pasteles y que bajaban los pájaros y lo picoteaban todo".

José movió triste la cabeza. "Este sueño no es bueno", dijo. "Dentro de tres días el Faraón te matará".

José tenía razón. Tres días después el mayordomo volvió a trabajar al palacio del Faraón y el panadero murió.

En cuanto el mayordomo salió de la cárcel, olvidó la promesa que había hecho, de manera que José siguió en la celda.

Dos años más tarde, el Faraón tuvo unos sueños muy extraños. En uno de ellos, estaba en el campo cerca del río Nilo, cuando siete vacas gordas, bien alimentadas, salieron del agua y se pusieron a pastar en la hierba. A éstas siguieron otras siete vacas flacas y huesudas que se comieron a las primeras vacas.

Ningún sabio de Egipto pudo ayudar al Faraón a interpretar su sueño. Entonces el mayordomo se acordó de José y le habló de él al Faraón. José fue llevado a palacio inmediatamente.

79

"Habrá siete años de buenas cosechas", explicó José. "Después seguirán siete años de malas cosechas. Tiene que almacenar comida en los años buenos para poder salir adelante en los malos".

El Faraón vio que José era un hombre de Dios. Quedó tan impresionado con él que le nombró gobernador y le dio su propio anillo de oro, una cadena también de oro y ropas finas, como señal de su nuevo cargo.

Una vez más, las cosas sucedieron justo como había anunciado José.

Se convirtió en el hombre más poderoso de Egipto, después del Faraón, y como había planificado bien, hubo suficiente comida durante los años de escasez.

Reunidos

GÉNESIS: 42-47

En Canán, Jacob y su familia vivían tiempos duros. El padre decidió enviar a sus hijos, a todos menos a Benjamín, a Egipto, porque allí se podía comprar trigo.

Al verlo, los hermanos de José no lo reconocieron y le preguntaron si les podía vender un poco de trigo. José supo en seguida que eran ellos y quiso comprobar si seguían siendo tan crueles como antes.

Haciendo creer que los consideraba espías, los metió en la cárcel.

Tres días más tarde, les pidió que volvieran a casa y trajeran a su hermano pequeño. José quería mucho a Benjamín y tenía muchas ganas de volver a verle. José se quedó con un hermano para estar seguro de que los otros regresarían.

Después ordenó a sus siervos llenar de trigo las bolsas de sus hermanos antes de que se pusieran en camino.

De regreso en Canán, los hermanos le contaron todo a Jacob, pero éste no dejó marchar a Benjamín. Tenía miedo de perder otro hijo.

Con el tiempo, el trigo se acabó. Judá suplicó a su padre que les dejara volver a Egipto prometiendo cuidar de Benjamín. Finalmente, Jacob estuvo de acuerdo. Y así los hermanos volvieron a donde estaba José, que tuvo que contener las lágrimas al ver a Benjamín.

"¿Está bien vuestro padre?", les preguntó.
Al responder se inclinaron hacia él, justo como
las gavillas con las que había soñado muchos
años antes.

José ordenó que trajeran comida y pidió a los
siervos que le ofrecieran a Benjamín más que
a nadie.

Después llenaron de comida las bolsas de los hermanos. Esta vez, José había escondido su copa de plata en la bolsa de Benjamín. Los hermanos se pusieron en marcha, pero José mandó a sus guardias perseguirlos para buscar la copa perdida.

Horrorizados al descubrir la copa, los hermanos fueron llevados ante José. Al verle, todos se arrodillaron a sus pies.

"El hombre en cuya bolsa se ha encontrado mi copa tiene que quedarse aquí y ser mi siervo. ¡Los demás podéis marchar!", ordenó José.

"Déjame quedarme en su lugar", suplicó Judá. "Padre morirá de pena si no vuelve Benjamín".

Ahora José estuvo seguro de que sus hermanos habían cambiado. Mandó salir del cuarto a los siervos, se echó a llorar y anunció: "Soy José". Sus hermanos se quedaron impresionados y aterrorizados.

"Fue un plan de Dios el que yo fuera enviado aquí, a Egipto", les dijo José. "Así podría tener una posición que me permitiera cuidar de vosotros cuando llegaran los tiempos difíciles. Todavía habrá cinco años más de escasez. Tenéis que volver a casa y traeros al resto de la familia a vivir conmigo".

José abrazó a Benjamín y después al resto de sus hermanos, mientras le corrían por la cara lágrimas de alegría.

Así, Jacob y toda su familia, los hijos de Israel, dejaron Canán y se fueron a vivir a Egipto. Allí Jacob se reunió con su amado hijo José.

Jacob se asentó cómodamente en Gosen, la mejor región de Egipto, y vivió durante mucho tiempo.

Tú has sido elegido

ÉXODO: 1-4

Mientras José estuvo vivo, su gente fue feliz en Egipto, pero después de su muerte las cosas cambiaron.

Llegó al poder un nuevo Faraón, que no sabía cuánto había ayudado José a Egipto durante los años de escasez. El nuevo Faraón vio que los israelitas cada vez eran más numerosos. Y tuvo miedo de que ganaran en número a los egipcios y fueran más poderosos.

Los puso a trabajar para él, fabricando ladrillos y construyendo ciudades nuevas. Poco a poco los fue convirtiendo en esclavos de capataces crueles. La vida se hizo muy difícil, pero el número de israelitas seguía aumentando. Finalmente, el Faraón dio la orden de que se mataran todos los hijos varones de familias israelitas recién nacidos.

En ese tiempo, una mujer israelita tuvo un niño. Como era muy pequeño y dormía mucho, consiguió quedárselo a escondidas. Pero a los tres meses la cosa se complicó. ¡Empezaba a hacer un montón de ruido!

La mujer hizo un cestito de juncos y lo recubrió de betún para que resistiera al agua. Después metió a su bebé dentro y con mucho cuidado lo escondió entre los juncos de la orilla del río.

Su hija, Miriam, se quedó allí para vigilar.
Pronto llegó la hija del Faraón a bañarse al río.
Vio el cestito y cuando miró en su interior, el bebé
comenzó a llorar. Ella se dio cuenta de que era un
israelita y sintió lástima.

Rápidamente Miriam dio un paso adelante. "¿Os gustaría que busque a alguien para cuidar del bebe?", preguntó. La hija del Faraón asintió y, por supuesto, Miriam corrió a buscar a su madre.

La madre cuidó al bebé hasta que tuvo edad de vivir en el palacio del Faraón.

La hija del Faraón llamó al niño Moisés. Estaba muy bien cuidado, pero cuando se hizo mayor nunca olvidó que era un israelita. Le ponía muy triste ver cómo se trataba a su gente.

Un día, Moisés vio a un capataz golpear a un trabajador israelita.

Se abalanzó sobre el egipcio y lo mató. Moisés sabía que el Faraón se enteraría de lo que había hecho y huyó al desierto.

Moisés se fue a vivir a un país llamado Madián, donde permaneció mucho tiempo trabajando de pastor.

Un día, cuando estaba cuidando de su rebaño, vió una zarza ardiendo. Curiosamente la zarza quedó entera. Cuando se acercó, Moisés oyó una voz que decía: "Soy el Dios de Abraham y de tus antepasados. He visto cómo está sufriendo el pueblo de Israel. Tienes que ir al palacio del Faraón y liberar a mi pueblo".

"Por favor, elige a otro", pidió Moisés. "Nadie me escuchará".

"Tú has sido elegido", contestó Dios. "Vuelve a Egipto. Encuentra a Aarón, tu hermano, y ve con él a pedir al Faraón que deje libre a mi pueblo".

97

Deja marchar a mi pueblo

ÉXODO: 5-14

Moisés y Aarón se presentaron ante el Faraón
y dijeron: "El Dios de Israel dice que deberías
dejar marchar a su pueblo".

98

Pero el Faraón no creía en Dios y se enfadó mucho. Como castigo, hizo trabajar a la gente de Moisés más duramente que nunca.

"No les deis a los israelitas más paja para hacer los ladrillos", ordenó. "Que vayan a buscarla ellos mismos. Pero tendrán que hacer tantos ladrillos como antes".

Moisés fue a contárselo a Dios. "Obligaré al Faraón a que deje marchar a mi pueblo", dijo Dios. "Vete y dile que si vuelve a negarse ocurrirán cosas terribles".

Moisés y Aarón volvieron a ver al Faraón para convencerlo de que liberara a los israelitas.

Para mostrarle al Faraón que había sido enviado por Dios, Aarón tiró su bastón al suelo. Milagrosamente se convirtió en una serpiente.

Pero los magos del Faraón también sabían hacer eso y no quedó convencido. Se negó a escuchar a Moisés. Así que Dios convirtió en sangre las aguas del río Nilo.

A continuación, todo el país se plagó de ranas.
Después de mosquitos y luego de tábanos. Sólo
Gosen, el lugar donde vivían los israelitas,
quedó protegido de estas plagas. Pero el Faraón
aún no dejó marchar de Egipto a los israelitas.

De modo que los animales de Egipto empezaron a morir uno tras otro, todos menos los de Gosen.

Incluso cuando los cuerpos de los egipcios se llenaron de pupas, el Faraón siguió sin creer en Dios ni liberar a los israelitas.

Entonces Dios envió granizo. Granizó como nunca antes se había visto. Un granizo atronador que destrozó la cosecha y el ganado que quedaba.

Siguió una plaga de langostas, que se comieron todas las plantas, hasta los brotes más tiernos. Finalmente, una oscuridad completa y total cubrió el país, y así pasaron tres días y tres noches.

El Faraón intentó razonar con Moisés. Pero Moisés insistió en que todos los israelitas, hombres, mujeres, niños y ganado, fueran liberados. El Faraón se negó.

Entonces, una noche, Dios hizo que muriera el hijo mayor de cada familia egipcia, incluyendo al hijo único del Faraón.

Las familias israelitas quedaron a salvo. Dios había pedido a cada familia que matara un cordero o un cabrito y que marcaran su puerta con un poquito de sangre. Después tenían que asar la carne y comer pan sin levadura.

La sangre era la señal de que en aquella casa vivían israelitas y, por tanto, el ángel de la muerte "pasaría de largo" ante todas las casas marcadas a lo largo del camino.

Dios dijo que tendrían que celebrar siempre ese día como una fiesta especial. Y desde entonces, todos los años hacían una comida de "Pascua" para recordar que Dios les había salvado.

Por fin el Faraón tuvo suficiente. Mandó llamar a Moisés y a Aarón y dijo: "¡Reunid a vuestra gente y marchaos de una vez!".

Los egipcios dieron oro y plata a los israelitas para que se fueran a toda prisa.

Pero después de que Moisés y sus gentes se hubieran ido, el Faraón cambió de opinión y envió a sus soldados tras ellos. Alcanzaron a los israelitas a la altura del mar Rojo.

Moisés abrió los brazos y Dios envió un viento para que se abrieran las aguas.

Los israelitas se apresuraron a través del camino de tierra seca.

Cuando los soldados egipcios les siguieron, las aguas se les echaron encima y se ahogaron todos. ¡El pueblo de Moisés era libre! Esa noche los israelitas hicieron una gran fiesta.

Dios cuida de su pueblo

ÉXODO: 16-17

Los israelitas no tardaron mucho en empezar a quejarse. Decían que tenían muy poca comida. Se acordaban de todo el pescado y las verduras estupendas que tenían en Egipto. Se olvidaron de sus crueles capataces y se volvieron contra Moisés y Aarón.

"Mejor habría sido morir en Egipto, que de hambre en el desierto", se lamentaban.

Dios escuchó sus quejas. "Tendréis carne para cenar todas las noches y pan todos los días menos el sábado, mi día de descanso", prometió Dios.

Y aquella tarde llegó volando una gran
bandada de pájaros llamados codornices al
lugar en que habían acampado los israelitas.
Y hubo mucha carne para todos.

A la mañana siguiente, el terreno de los alrededores del campamento estaba lleno de rocío. Al secarse el rocío, descubrieron una cosa blanca y granulada, tan delicada como la escarcha.

"Es una comida especial que nos ha mandado Dios", dijo Moisés. "Recoged todo lo que necesitéis".

Los israelitas así lo hicieron. Sabía a miel y aparecía todas las mañanas. Y todos los días sextos recogían el doble de lo normal, para tener suficiente el sábado, el día de descanso de Dios. A esa comida la llamaron maná.

111

Pero los problemas de Moisés no acabaron ahí. El sol del desierto calentaba mucho y las gargantas de la gente se iban secando y cada vez tenían más sed. Había muy poca agua, así que volvieron a oirse muchas quejas.

Moisés se volvió a Dios para que le ayudara. "Adelántate", dijo Dios, "y cuando llegues a una roca en el monte Sinaí, golpéala con el bastón".

Moisés obedeció. De la roca salió mucha agua borbotando y burbujeando, fría y refrescante. Y todo el mundo pudo beber lo suficiente.

De esta manera, Dios cuidó de su pueblo mientras caminaba por el desierto en un largo viaje hacia la tierra de Canán.

Los diez mandamientos de Dios

ÉXODO: 19-20, 24-27, 32, 34-40

Moisés y su gente acamparon frente al monte Sinaí.

"Os he traído hasta aquí para que seais mi pueblo elegido", dijo Dios. "¿Me obedeceréis?". Los israelitas contestaron que sí. Entonces Dios dijo que les daría diez leyes, sus mandamientos, para enseñarles a servir bien a Dios y saber comportarse los unos con los otros.

Dos días más tarde, hubo truenos y relámpagos en lo alto del monte. Moisés y Aarón subieron solos y allí Dios les entregó sus leyes.

Éstos son los diez mandamientos de Dios.

"Me respetarás y no tendrás otro Dios que no sea yo.

No harás ídolos ni te arrodillarás ante ellos.

Pronunciarás mi nombre con respeto.

Trabajarás durante seis días, pero el séptimo descansarás.

Respetarás a tu padre y a tu madre.

No matarás.

No serás infiel.

No robarás.

No dirás mentiras.

No desearás apoderarte de los bienes de otras personas".

Como Moisés era un profeta especial, Dios le explicó cómo funcionaban las leyes. Moisés se las aclaró al pueblo y todos acordaron obedecerlas.

Pero cuando Moisés volvió a subir al monte para hablar con Dios tardó tanto en volver que el pueblo se puso nervioso. Hablaron con Aarón.

"¿Adónde ha ido Moisés?", preguntaron. "Danos otro Dios que nos guíe".

Aarón recogió todo el oro, lo fundió y construyó con él un becerro dorado. El pueblo comenzó a adorar al becerro.

Al ver lo pronto que la gente había olvidado sus promesas, Dios y Moisés se enfadaron mucho. Moisés tiró al suelo las tablas, en las que Dios había grabado sus leyes, y se partieron en pedazos.

Moisés estaba muy furioso, pero amaba a su pueblo y le pidió a Dios que les diera otra oportunidad. Dios hizo unas tablas de piedra nuevas y, una vez más, el pueblo acordó con Dios mantener la "alianza".

Para mostrarles que siempre estaba cerca de ellos, Dios les pidió que construyeran una tienda especial en la que habría una caja de madera recubierta de oro. En ella guardarían las tablas.

Todo el mundo trajo cosas necesarias para levantar esa tienda, o tabernáculo, y en su construcción trabajaron los artesanos más habilidosos. Era preciosa y estaba adornada con paños de lino de muchos colores.

Alrededor de la tienda había un patio, en el que la gente podía ofrecer un cordero o un cabrito, como pago por las cosas que habían hecho mal. Dios quería que su pueblo recordara que Él los amaba. Aunque no fueran perfectos, siempre podrían ir a pedir perdón y a dar las gracias.

121

Cuarenta años en el desierto

NÚMEROS: 13-14, 17, 21

Desde el monte Sinaí, los israelitas se fueron hacia Canán. En la frontera, eligieron a doce hombres para que exploraran el camino.

Después de cuarenta días, los exploradores volvieron trayendo racimos de uvas, higos y granadas. "Canán es una tierra muy fértil", dijeron, "pero las ciudades son como fortalezas. Si intentamos ocupar el país, ¡nos aplastarán!".

El pueblo estaba desesperado. "¡Deberíamos regresar a Egipto!", gritaban.

Josué y Caleb, dos de los exploradores, protestaron. "¡No! Debemos confiar en Dios. Él nos protegerá y nos dará esa tierra". Pero nadie les escuchó.

Dios estaba enfadado. "Por no confiar en mí, caminaréis por el desierto durante cuarenta años. Sólo Josué y Caleb entrarán en Canán".

A los israelitas no les gustó la idea y decidieron luchar contra los cananeos, pero fueron duramente derrotados.

La gente estaba enfadada y se volvió contra Moisés. "¿Qué os da el derecho a ti y a Aarón a ser nuestros guías?", preguntaron.

Moisés respondió: "Que cada una de las doce tribus escoja un guía y grabe su nombre en una vara de almendro. Esta noche dejaremos las varas en la tienda de Dios. Él elegirá al hombre que ha de guiar a su pueblo".

A la mañana siguiente, sólo la vara de Aarón había dado fruto y tenía almendras. Él había sido elegido.

La situación se calmó, pero al morir Aarón, años más tarde, las quejas comenzaron otra vez.

"¿Por qué abandonaríamos Egipto? Aquí no hay comida ni agua. Estamos cansados de comer maná", protestaban.

Esta vez Dios envió serpientes venenosas para castigar a los rebeldes. Se metieron en el campamento y mataban a la gente con sus picaduras.

Los israelitas suplicaron a Moisés. "Nos hemos dado cuenta de que hemos hecho mal hablando contra Dios. Por favor, pídele que se lleve estas serpientes".

Así que Moisés rezó a Dios.

"Haz una serpiente de bronce y fíjala en un palo", dijo Dios. "Cuando alguien sufra una picadura, sólo tiene que mirar ese palo para curarse".

De esta manera, todos los que confiaron en Dios sanaron.

Caen los muros

JOSUÉ: 1-6

Finalmente acabaron los cuarenta años en el desierto. Cuando Moisés murió, Dios eligió como nuevo guía a Josué.

Desde el campamento, situado en la otra orilla del río Jordán, Josué envió a dos espías a Jericó.

En una casa junto al muro de la ciudad vivía una mujer llamada Rahab, que ofreció refugio a los dos hombres. Pero el rey de Jericó se enteró de ello y mandó a sus soldados a capturarlos.

Rahab escondió a los espías en el tejado, y cuando le preguntaron los soldados dijo que ya se habían ido.

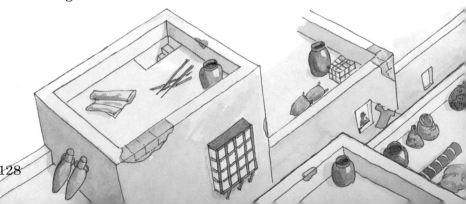

Rahab sabía que Dios pretendía dar Canán a los israelitas. "Estamos todos asustados", dijo ella. "Prometedme que cuidaréis de mi familia y no nos haréis daño cuando toméis la ciudad".

"Te damos nuestra palabra si prometes no decirle a nadie que hemos estado aquí", dijeron los hombres. "Cuando ataquemos echa un cordel rojo por la ventana y así podremos reconocer tu casa. Después, reunirás a tu familia y nos aseguraremos de que permanezcan sanos y salvos".

Y Rahab lo prometió. Después los dejó bajar por la ventana con una cuerda y regresaron a ver a Josué.

Al poco tiempo, el pueblo de Israel se preparó para cruzar el río Jordán y tomar Jericó. El río tenía mucha agua. Los sacerdotes iban a la cabeza, llevando la caja con las leyes de Dios en su interior. Cuando pusieron el pie en el río, las orillas se cerraron más arriba frenando las aguas. A la altura de Jericó, la gente pudo cruzar fácilmente el río.

Entonces, los israelitas cogieron doce piedras que había en la cuenca del río. Las apilaron en la orilla como recuerdo de la ayuda de Dios al llevarles a Canán. Y el río volvió a fluir otra vez.

Los israelitas levantaron un campamento fuera de las murallas de Jericó y celebraron la Pascua.

Las murallas de Jericó eran altas y gruesas y las puertas estaban bien cerradas para defenderse de los israelitas. Nadie podía entrar ni salir. Entonces Dios habló a Josué: "Durante seis días tendréis que marchar alrededor de las murallas. Sitúa siete sacerdotes al frente. Después irán los hombres que llevan mi baúl. Los sacerdotes deben llevar trompetas hechas de cuerno de carnero y tendrán que soplarlas mientras andáis. Los demás tendrán que quedarse en silencio".

"Al séptimo día, dad la vuelta a la ciudad siete veces. Después los sacerdotes tocarán una nota larga con las trompetas y todo el mundo tendrá que gritar muy alto. Los muros de Jericó caerán y la ciudad será vuestra".

Así, todos los días los israelitas andaban alrededor de las murallas de Jericó y todas las noches volvían a su campamento.

El séptimo día dieron la vuelta a las murallas siete veces. En la última vuelta, los sacerdotes hicieron sonar las trompetas, Josué dio la orden y se oyó un gran grito.

Las murallas cayeron y el pueblo de Israel tomó la ciudad. Sólo se salvaron Rahab y su familia.

La ciudad fue incendiada y se quemó hasta los cimientos. Ésta fue la primera de las victorias de Josué en Canán. Con él de guía, los israelitas fueron conquistando poco a poco la "tierra prometida".

137

El secreto de su fuerza

JUECES: 13-16

Pasaron muchos, muchos años. Pero a la muerte de Josué los israelitas comenzaron a olvidarse de Dios otra vez. Como castigo, Dios permitió que los filisteos mandaran sobre su pueblo durante cuarenta años.

Un día, Dios envió un ángel a un hombre llamado Manué. Se le dijo que él y su mujer tendrían un hijo que ayudaría a proteger a los israelitas de sus enemigos.

Cuando el niño nació le pusieron de nombre Sansón. Como señal de que Sansón pertenecía a Dios, sus padres nunca le cortaron el pelo.

Sansón se hizo muy fuerte al ir creciendo. Una vez hasta mató a un león simplemente con sus manos.

Desde aquel momento, Sansón comprendió que Dios le había dado una fuerza especial para usarla contra los filisteos. Y a lo largo de los años bien que la usó... Incendió sus cosechas y, una vez, mató a mil hombres utilizando como arma sólo una mandíbula de asno.

Siempre que intentaban atraparlo, se escapaba.

Los filisteos estaban decididos a vengarse.

Su oportunidad llegó cuando Sansón se enamoró de una bella muchacha filistea, llamada Dalila. Los cinco reyes filisteos fueron a verla. "Te daremos cada uno mil monedas de plata, si consigues que Sansón te cuente el secreto de su fuerza", dijeron. Dalila aceptó.

Pero cada vez que Dalila preguntaba a
Sansón por el secreto de su fuerza, él le
contaba una historia diferente. "Si me ataras
con cuerdas de arco frescas, sería tan débil
como cualquier otro", dijo, y después: "Usa
cuerdas completamente nuevas para atarme...
trenza mis cabellos y recógelos... ".

Dalila lo intentó todo, pero Sansón seguía
siendo fuerte. "Si no me lo dices, es que no me
quieres de verdad", se quejaba la joven.

Por fin Sansón cedió: "Mi pelo es la señal
de que pertenezco a Dios. Si me lo cortaran,
perdería la fuerza", le contó.

Aquella noche, mientras Sansón dormía,
Dalila llamó a un hombre para que le cortara
el pelo. Entonces, llegaron los filisteos y lo
hicieron prisionero.

143

Dejaron ciego a Sansón, lo encadenaron y lo metieron en una cárcel de Gaza, donde lo obligaban a trabajar mucho.

Pero lentamente el pelo de Sansón iba creciendo.

Un día, los filisteos celebraron una fiesta en honor de su dios, Dagón. Sansón fue trasladado al templo desde su celda. El sitio estaba lleno de gente y todos se burlaban y se reían de él.

Sansón rezó a Dios para que le diera fuerza. Estiró los brazos y empujó con todas sus fuerzas los pilares que sostenían el edificio. El templo se derrumbó y murieron todos los que estaban dentro. Fue el acto final de Sansón contra los enemigos de Israel. Había sido su guía durante veinte años.

Tu Dios será mi Dios

RUT: 1-4

Muchos años depués hubo una hambruna en Israel. Un hombre de Belén tomó a su esposa Noemí y a sus dos hijos y se fueron a vivir a Moab.

Tristemente, el padre murió al poco tiempo. Los hijos crecieron y se casaron, pero murieron también diez años después.

Noemí se sentía sola y decidió regresar a su tierra natal. Sus nueras, Orfa y Rut se fueron con ella. "Deberíais regresar con vuestra gente", les dijo Noemí.

Orfa, llena de tristeza, aceptó y volvió a su pueblo, pero Rut dijo: "Yo iré contigo. Tu pueblo será mi pueblo, tu Dios será mi Dios".

147

Por fin, Noemí y Rut llegaron a Belén en tiempo de cosecha. Eran muy pobres, por eso Rut seguía todos los días a los campesinos e iba recogiendo los granos que se les habían caído. Luego cambiaba los granos por un poco de dinero. Las horas se hacían largas y era un trabajo muy duro.

Sin saberlo había elegido las tierras de un pariente de Noemí, un hombre rico llamado Booz. Cuando éste fue a controlar el trabajo, vio a Rut y preguntó por ella. Al oír que era pariente de Noemí, le dijo que siempre sería bienvenida si quería trabajar en sus tierras.

149

Noemí quedó encantada cuando Rut se lo contó. Quería encontrar un marido para Rut y sabía que Booz era un buen hombre. En aquella época era costumbre en Israel que el pariente más cercano se hiciera cargo de la familia de un hombre si éste moría. Noemí quería reclamar este derecho y envió a Rut para que averiguase si él se quería casar con ella.

Booz aceptó, lo que hizo muy feliz a Noemí. Finalmente Rut y él tuvieron un hijo.

Y sucedió que Rut, que había confiado en el Dios de Israel y había ayudado y querido a su suegra, llegaría a ser la bisabuela del rey más grande de Israel: David.

Queremos un rey

I SAMUEL: 1, 8-10, 15-16

Cerca de Jerusalén vivía una mujer llamada
Ana. No tenía hijos y eso la ponía muy triste.
Un día, Ana estaba rezando a Dios en silencio
pero no se dio cuenta de que movía la boca.

Helí, el sacerdote, la miró y vio moverse sus labios sin pronunciar palabras y pensó que estaba borracha. Cuanda Ana se lo explicó, Helí dijo: "Que Dios te dé ese hijo que deseas".

Pasado un tiempo, Dios le dio un hijo a Ana: Samuel. Cuando era lo bastante mayor, Ana volvió con él a ver a Helí. "Éste es el hijo que Dios me dio", dijo. "Ahora se lo devuelvo a Dios".

Y Samuel creció amando y obedeciendo a Dios.

Años después, Dios escogió a Samuel como guía de Israel. Samuel era un hombre bueno y amable, que amaba a Dios y el modo de vida sencillo y honesto de su pueblo. Sin embargo, sus dos hijos no eran como él. Sólo les interesaba el dinero. Los israelitas no querían que ninguno de los dos hiciera de guía cuando muriera su padre, así que le pidieron a Samuel un rey que mandara sobre todos ellos, como en otras naciones.

Samuel se quedó preocupado. Dios era el único guía verdadero, así que rezó para que le ayudara.

Dios le dijo a Samuel que le explicara al pueblo cómo sería el rey. "Hará que vuestros hijos luchen en sus ejércitos", decía Samuel. "Os obligará a trabajar la tierra para él y se llevará la mejor cosecha. Seréis sus esclavos".

Pero el pueblo insistía.

155

Cuando Samuel le dijo a Dios que sus palabras no habían cambiado la opinión de los israelitas, Dios replicó: "Haz lo que desean. Dales a su rey".

Un día, Samuel se encontró con un hombre alto y guapo: Saúl. Dios le había dicho a Samuel dónde y cuándo encontraría al futuro rey de Israel y por eso no se sorprendió al oír decir a Dios: "Éste es el hombre que ha de gobernar".

Cuando empezaba a amenecer, siguiendo la tradición, Samuel derramó aceite en la cabeza de Saúl como señal de que era el elegido.

Al principio Saúl fue un rey bueno y popular. Bajo su mandato, su pueblo ganó muchas batallas, pero pronto se volvió muy orgulloso. Empezó a pensar más en sí mismo que en Dios. Así que Dios le dijo a Samuel que había llegado el momento de buscar un nuevo rey.

Dios pidió a Samuel que fuera a Belén, ya que había elegido a uno de los hijos de Isaí para suceder a Saúl.

Al llegar, Samuel invitó a Isaí y sus hijos a hacer una ofrenda a Dios. Habló por turnos con todos ellos y siempre pensaba: "Este joven apuesto tiene que ser el elegido". Pero todas las veces Dios dijo: "No".

"Lo más importante de una persona no es su apariencia física", dijo Dios, "sino su interior".

Después de haber rechazado Samuel a los siete hijos de Isaí, preguntó si había alguno más. Isaí dijo que el más pequeño, David, estaba cuidando al ganado. Samuel pidió a Isaí que fuera a por él.

Cuando llegó David, Dios le dijo a Samuel diciendo: "Éste es".

Así, Samuel ungió a David y desde ese momento, David sintió siempre que Dios estaba con él.

El campeón de Israel

I SAMUEL: 16-17

David siguió cuidando el ganado de su padre. Cada día, su sabiduría y fuerza iban creciendo. Tenía que ser hábil y fuerte para luchar contra los animales salvajes que a menudo atacaban el rebaño.

David comenzó a usar una honda para ahuyentar a los osos y leones y pronto se hizo un experto.

Para pasar el tiempo, David también tocaba la cítara y en seguida llegó a hacerlo muy bien. Sus habilidades se hicieron famosas incluso lejos de su país.

Mientras tanto, Samuel dejó de visitar a Saúl en el palacio y el rey se sentía distante de Dios. Tenía un humor terrible y estaba atormentado por un espíritu maligno.

161

Uno de los servidores de Saúl sugirió que el sonido de la cítara quizás lo tranquilizaría.

Se mandó venir a David para que tocara, y efectivamente, la música calmaba a Saúl. Una vez que el rey se sintiera bien, David debería volver a casa.

Entonces llegaron noticias de que los filisteos habían acampado en una ladera del valle de Ela. Sólo un pequeño río los separaba del ejército israelita, que estaba en la otra ladera.

Los filisteos tenían un poderoso campeón en su ejército: Goliat, que medía tres metros de alto y era más fuerte que un buey. Día tras día paseaba de un lado a otro burlándose de los israelitas.

"¿Dónde está el campeón de Israel?", gritaba. "¡Mandadlo a luchar conmigo! Si me mata, seremos vuestros esclavos. Si le mato yo a él, vosotros seréis nuestros esclavos". Pero nadie se atrevía a enfrentarse a Goliat. Todos tenían demasiado miedo.

David tenía tres hermanos en el ejército de Saúl. Un día, cuando iba a llevarles comida, escuchó las burlas de Goliat resonando en el valle.

"¿Quién es él para desafiar al ejército del Dios vivo?", dijo David. "Dejadme ir a luchar con él".

Los soldados miraron al niño y se rieron. Pero cuando Saúl se enteró, hizo llamar a David.

"He luchado contra leones y osos para proteger el rebaño de mi padre", le dijo David. "Dios me protegía y también lo hará ahora".

Por fin Saúl aceptó. Le dio a David su propia armadura y su espada. Pero como la armadura era tan grande y tan pesada, David no se podía mover con ella puesta. Así que se lo quitó todo y agarró su honda. Una vez en el río, eligió cinco piedras muy lisas y se fue a ver al gigante.

165

Cuando Goliat lo vio venir estalló en carcajadas. "¿Éste es vuestro campeón?", se reía de los israelitas.

"Vengo en el nombre del Dios de Israel", dijo David tranquilamente. "Él te pondrá en mi poder".

Sacó una piedra de su bolsa, la colocó en la honda y apuntó. La piedra salió disparada hacia Goliat y le dio en la frente con tanta fuerza que le rompió el casco. El gigante cayó de espaldas al suelo.

Al ver los filisteos que su héroe había muerto, salieron corriendo. Los alegres israelitas salieron corriendo detrás de ellos. La victoria y la tierra de los filisteos era suya.

Un gran guía

II SAMUEL: 1-6, 11-19; I REYES: 1

Años más tarde, después de que Saúl muriera, David se convirtió en rey de Israel, pero le esperaban tiempos difíciles. Los partidarios de Saúl luchaban contra David, y los filisteos estaban siempre esperando la oportunidad de volver al país. David quería conquistar la ciudad de Jerusalén para poder llevar allí la caja sagrada con las leyes de Dios.

¡Cómo lo celebraron cuando, por fin, David atacó y tomó la ciudad! Hubo música y bailes, banquetes y ofrendas. David había hecho de Jerusalén la ciudad de Dios.

David fue un gran guía, amado por todo su pueblo y leal a Dios. Pero no era perfecto. Se enamoró de Betsabé, aunque ya estaba casada. David hizo que su marido, que era soldado, muriera en una batalla. Dios vio lo que David había hecho y se lo hizo saber por Natán, el profeta. David rezó a Dios para que lo perdonara y Dios vio que lo sentía de verdad.

"Seguirás siendo rey", dijo Dios a David, "pero la misión de construir mi templo se la encargaré a tu hijo Salomón".

Solo y derrotado, el rey David empezó a dibujar planos para el templo y a componer música de alabanza a Dios.

Más adelante, David se casó con Betsabé y su reino siguió siendo fuerte, aunque los problemas nunca se alejaron del todo.

Absalón, uno de los hijos de David, era guapo y popular y... quería ser rey. De modo que planeó quitarle el trono a su padre y entrar triunfante en Jerusalén.

Al principio, el rey David salió huyendo, pero después reunió a su ejército y fue a luchar contra su hijo. El ejército de David derrotó a Absalón, quien intentó huir, pero fue capturado por alguno de los soldados de David. Éstos ignoraron la orden del rey de salvar la vida de Absalón y lo mataron.

El rey estaba lleno de dolor.

"¡Oh, mi hijo, mi hijo!", lloraba. "¡Me gustaría haber muerto en su lugar!".

Una vez fallecido Absalón, el segundo hijo de David, Adonías, decidió apoderarse del trono. Pero el rey David le dijo que Salomón sería su sucesor.

David pidió al sacerdote Sadoc, al profeta Natán y a Banayas que llevaran a Salomón a Guijón, para proclamarlo rey.

El hombre más sabio

I REYES: 1-4, 10

Hubo una gran celebración cuando Salomón fue nombrado rey.

Antes de morir, el rey David habló a Salomón: "Sé un rey fuerte, confía en Dios y sigue sus mandamientos. Entonces Dios cumplirá su promesa de que mi descendiente gobernará esta nación".

Inmediatamente, el rey Salomón expulsó a los antiguos enemigos de su padre y creó nuevos distritos por todo su reino.

Salomón gobernó sobre
el reino de Israel durante
muchos años y amó a Dios.
Llegaría a ser uno de los reyes más
famosos de Israel. Y el pueblo de Dios
vivió unido en tiempos de paz.

Una noche, Dios se apareció
a Salomón en un sueño.
"¿Qué te gustaría que
te concediera?",
preguntó Dios.

"Soy demasiado joven para gobernar sobre tanta
gente", contestó Salomón, "por favor, dame la
sabiduría necesaria para tomar decisiones
acertadas y verdaderas".

Dios quedó muy contento, porque Salomón no
había pedido cosas para él.

"Te daré más sabiduría y comprensión de las
que haya tenido nadie nunca", dijo Dios.

Dios guardó su promesa y Salomón se convirtió
en el hombre más sabio del mundo. Pero él
nunca olvidó que la sabiduría le venía de Dios.

Un día, Salomón tuvo que decidir cuál era la verdadera madre de un niño. Salomón pensó y propuso cortar el bebé por la mitad. La madre falsa estuvo de acuerdo. Pero la madre verdadera gritó: "¡No!". Y el sabio rey supo en seguida quién era la verdadera madre.

Las historias sobre la sabiduría de Salomón se extendieron por todo el mundo. Finalmente llegaron a oírse en la tierra de Saba.

Cuando la reina de ese país oyó hablar de Salomón, decidió comprobar por sí misma cómo era de sabio.

Hizo una lista de preguntas muy difíciles y a continuación, llevándose joyas, oro y especias, se puso en camino hacia Jerusalén. Al entrar en la ciudad se quedó muy impresionada.

La reina le hizo a Salomón todas las preguntas y él las contestó fácilmente. "Veo", dijo ella, "que Dios le ha dado a su pueblo un rey sabio, porque lo ama".

179

Un templo maravilloso para Dios

I REYES: 5-8

En el cuarto año de su reinado, Salomón comenzó a construir un templo maravilloso para Dios.

Se utilizaron piedras largas y finas para los cimientos y maderas de calidad como el cedro.

Como se necesitaba mucha madera de cedro y los mejores cedros crecían en Tiro, Salomón hizo un pacto con Hiram, el rey de ese país.

Una vez cortados, los troncos se ataban y bajaban flotando por la costa hacia el lugar donde se estaba construyendo el templo. A cambio, Salomón enviaba a Tiro trigo y aceite de oliva.

El templo iba a ser un lugar maravilloso donde se guardaría la caja especial de Dios que contenía las leyes.

Una vez terminado, el templo resultó ser una obra impresionante. En la parte de atrás había una sala cuadrada sin ventanas, con el suelo y las paredes cubiertas de oro. En esa habitación tenía que guardarse la caja con las leyes de Dios. Estaba decorado con esculturas de criaturas aladas, palmeras y flores, también recubiertas de oro.

La habitación que daba al exterior tenía un altar de oro y diez candelabros. Los demás adornos del templo eran asimismo de oro: las mesas, las copas, los cuencos e incluso los paños que se usaban para llevar carbón hasta los fuegos. Era lo más bonito que el rey Salomón había hecho nunca y contenía lo mejor de cada cosa.

Fuera del templo había atrios, donde la gente podía presentar sus ofrendas a Dios.

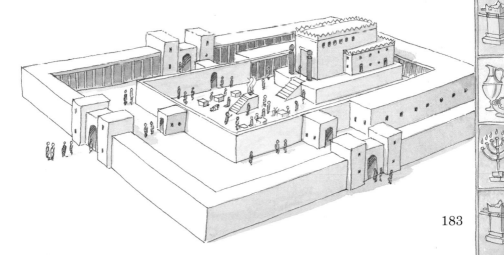

Miles de hombres habían trabajado en el templo y tardaron siete años en construirlo.

De modo que Salomón decidió ofrecer una ceremonia especial. Los sacerdotes presentaron ofrendas y llevaron la caja con las leyes de Dios al interior del templo. Entonces éste se llenó por completo de una luz deslumbrante: la presencia de Dios. El rey Salomón rezó: "Señor, Dios de Israel, escucha los rezos de tu pueblo. Escúchalos desde tu casa en el Cielo y ayúdales siempre".

Entonces, Salomón habló a su pueblo: "Sed
honestos con Dios y guardad sus mandamientos".

Después de la ceremonia, hicieron una gran
fiesta y las celebraciones duraron una semana.

185

Te quitaré Israel

I REYES: 11

Durante el reinado de Salomón, Israel floreció. Se construyeron bellos edificios y grandes ciudades. Pero para pagar los edificios, la gente tenía que pagar impuestos. Los hombres debían trabajar para el rey y no en sus propias granjas.

Salomón se casó con muchas princesas extranjeras, que tenían sus propios dioses. Esto ayudaba a mantener la paz entre los países y era bueno para el comercio, pero también trajo muchos problemas.

Con el paso de los años, sus mujeres le convencieron para que adorase a esos dioses extranjeros. Y dejó de ser fiel a Dios, como lo había sido su padre.

Por eso Dios le dijo: "Como no has seguido mis mandamientos, le quitaré a tu hijo el reino de Israel".

Y así sucedió finalmente.

El Dios verdadero

I REYES: 12, 16-19

Después de la muerte de Salomón, Israel fue dividida en dos. El sur, Judá, siguió a Roboam, el hijo de Salomón. En el norte, el pueblo siguió a Jeroboam, hijo de Nabat.

Ninguno de los reyes que sucedió a Jeroboam le fue fiel a Dios. Un rey, Ajab, se casó con una mujer llamada Jezabel y comenzó a adorar a su dios, Baal. La reina Jezabel había ordenado matar a muchos de los profetas que recordaban la fidelidad a Dios. Pero un profeta, Elías, habló con claridad a favor de Dios.

Un día, Elías trajo un mensaje al rey Ajab. No llovería más en Israel hasta que Dios quisiera.

189

Después de haber dejado el mensaje, Dios le dijo a Elías que fuera a un lugar de la otra orilla del río Jordán. Allí estaría a salvo.

Elías se quedó en aquel lugar alejado durante tres años y Dios le protegía, enviándole cuervos que le traían comida y le decían dónde podía encontrar gente que cuidara de él.

Y en todo este tiempo no llovió ni una sola vez.

Un día, Dios le dijo a Elías que volviera a ver a Ajab.

"¿Por qué has vuelto, tú que sólo traes problemas?", le preguntó el rey.

"Tú has desobedecido a Dios", contestó Elías. "Manda a tu pueblo y a los profetas del dios Baal que se reúnan conmigo en el monte Carmelo".

Ajab hizo lo que Elías había pedido y cuando estaban todos reunidos, Elías dijo: "Ha llegado el momento de ver quién es el verdadero Dios".

Entonces, Elías desafió a los profetas de Baal.

"Ofrecedle un novillo a Baal y yo le ofreceré uno a Dios. El Dios verdadero será aquel que envíe fuego del cielo para encender la leña del altar".

Los sacerdotes de Baal hicieron su altar y pusieron un novillo encima. Llamaron a su dios todo el día, pero sólo hubo silencio y no pasó nada.

Elías construyó su altar con un foso alrededor y lo llenó de agua. Puso el novillo en la leña y echó agua por todas partes. Entonces, Elías comenzó a rezar. Dios mandó fuego y, aunque la leña estaba mojada, salieron llamas.

La gente gritó: "El Señor es el Dios verdadero".

Entonces Elías pidió a Dios que lloviera.
Los cielos se oscurecieron, empezó a soplar
un fuerte viento y volvió a llover. Fue un día
maravilloso para Elías. Pero la reina Jezabel
juró matar al profeta para vengarse por lo que
había hecho.

El plan de la reina llegó a oídos de Elías, por
lo que éste huyó.

Hizo un viaje muy largo y llegó por fin al monte Sinaí. De repente, escuchó la voz de Dios preguntándole por qué estaba allí.

"El pueblo de Israel ha matado a todos tus profetas. Soy el único que queda", explicó Elías. "Y ahora quieren matarme".

"Tienes que regresar", contestó Dios. "Todavía queda mucho por hacer".

El profeta Isaías

ISAÍAS: 9, 11

Más de cien años después de la muerte de Elías, la parte norte de Israel cayó en manos de los asirios y la gente tuvo que marchar al exilio.

El reino de Judá, en el sur, también estaba bajo el poder de los asirios, pero Dios envió al profeta Isaías para ayudar al rey Ezequías a salvar Jerusalén. La ciudad estuvo a salvo por un tiempo, pero Isaías le advirtió al rey: "Recuerda siempre: Israel no caerá si obedecéis las leyes de Dios".

Isaías también le dio al pueblo un mensaje de esperanza duradero. "Nacerá un niño para nosotros y el poder reposará sobre sus hombros", dijo Isaías. "Será llamado el Dios poderoso, el Padre eterno, el Príncipe de la paz. Su mandato y su paz no tendrán fin".

Todo lo que dijo Isaías se hizo realidad.

197

Arrojado a los leones

DANIEL: 1, 6

Durante muchos, muchos años, el pueblo de Dios continuó desobedeciéndole. De manera que el Señor permitió a Nabucodonosor, rey de Babilonia, tomar la región de Judá.

El rey capturó a muchos hombres y los hizo prisioneros, incluido un grupo de jóvenes de Jerusalén, uno de los cuales se llamaba Daniel.

Después, el rey ordenó al oficial mayor que seleccionara hombres de familias nobles. Quería educarlos para servir en el palacio real. Daniel y sus amigos fueron escogidos.

Cuando se hicieron mayores, estudiaron los grandes escritos y aprendieron a hablar la lengua de Babilonia. Con los años llegaron a ser muy sabios.

Un año, los persas tomaron Babilonia y su guía, Darío, se convirtió en rey.

Darío eligió a Daniel como uno de sus consejeros principales y éste le sirvió con lealtad. Pero los otros consejeros del rey se pusieron celosos de Daniel y de la atención que recibía y conspiraron contra él.

Al descubrir que rezaba a Dios todos los días, dijeron: "Si queremos meter a Daniel en problemas, tendremos que hacer algo relacionado con su religión".

Los consejeros convencieron al rey para que hiciese una nueva ley prohibiendo rezar a cualquier dios o ser humano que no fuera el propio rey. El que no cumpliera la ley, sería arrojado a los leones.

201

A pesar de conocer la ley, Daniel continuó rezando tres veces al día sin ocultarlo. Sus enemigos estaban encantados. Su plan había funcionado. Así que corrieron a hablar con el rey.

¿Y que podía hacer éste? Daniel había desobedecido la ley. El rey estaba muy triste. Apreciaba a Daniel, pero no encontró la manera de salvarlo.

Así que al atardecer, arrojaron a Daniel a un foso profundo lleno de leones hambrientos.

Esa noche, el rey no pudo cenar.

No quiso escuchar música.

No pudo dormir.

Estuvo dando vueltas por ahí.

En cuanto amaneció, Darío corrió al foso de los leones.

El rey no contaba con encontrar a Daniel vivo y gritó en el foso: "¿Te pudo salvar tu Dios de los leones?".

Darío esperaba el silencio. Sin embargo escuchó la respuesta de Daniel: "Sí, majestad. Dios sabía que yo era inocente y me ha salvado. Yo no he hecho nada malo contra usted".

Darío se alegró mucho y dio órdenes para que sacaran a Daniel de allí y arrojaran a los hombres que le habían acusado.

El rey hizo una nueva ley. "Haced que todo mi reino tema y respete al Dios de Daniel, porque Él es el Dios vivo y verdadero".

205

Un pez enorme

JONÁS: 1-4

Ser el mensajero de Dios con frecuencia era una tarea peligrosa y poco popular, y no todos los profetas estaban dispuestos a decir "Sí" a la llamada de Dios. Jonás era uno de esos profetas reacios.

Un buen día, Dios le dijo a Jonás que fuera a la ciudad de Nínive, la capital de Asiria. Los asirios eran enemigos del pueblo de Dios.

"Dile a los asirios que dentro de cuarenta días Nínive será destruida", dijo Dios. "Conozco su maldad y esto no puede seguir así".

"¡Quedaré como un estúpido!",
pensó Jonás. "Dios es amor y perdona
a la gente. No destruirá Nínive".

Así que Jonás se fue a Jope y tomó un
barco que iba en dirección contraria,
hacia Tarsis, en lo que es hoy España.

Dios se enfadó con Jonás por no haber hecho lo que Él le había pedido. Tan pronto como el barco se echó a la mar, Dios mandó una terrible tormenta. Todos temían que el barco se hundiera.

"Rezad a vuestros dioses", gritaba la tripulación.

Mientras tanto, Jonás estaba ya casi dormido bajo cubierta. Cuando el capitán le despertó y le pidió que rezara como todo el mundo, Jonás no lo hizo.

La tormenta empeoró y cuando el barco se inclinó, Jonás dijo a la tripulación: "Esta tormenta es por mi culpa. Echadme al mar y cesará".

El capitán se negó, pero la tormenta era cada vez más fuerte y no le quedó otro remedio que hacerlo. Tras tirar a Jonás por la borda, el mar se calmó al instante.

Jonás estaba convencido de que se ahogaría y cuando llegó al fondo del océano, pidió ayuda.

Dios escuchó sus gritos y mandó un pez enorme que se lo tragó vivo.

Durante tres días, Jonás estuvo en el estómago oscuro del pez gigante. Se arrepintió de haber desobedecido a Dios y se lo dijo en sus oraciones.

Dios escuchó a Jonás y estuvo seguro de que lo sentía de verdad, de modo que hizo que el pez lo llevara a una playa.

Una vez más, Dios pidió a Jonás que llevara su mensaje a Nínive. Éste se puso en camino en el acto.

Las gentes de Nínive lo escucharon y cambiaron su manera de vivir. Dios vio que habían abandonado el mal camino y no destruyó la ciudad.

"¡Esto es exactamente lo que yo dije que harías!", se quejó Jonás ante Dios. "Así que ahora deja que me muera". Y se sentó al sol abrasador a las afueras de la ciudad.

Pero Dios hizo crecer una planta para darle sombra, y Jonás empezó a sentirse mejor.

Al día siguiente, la planta se secó y el sol comenzó a pegar muy fuerte otra vez.

"Siento que la planta se haya muerto. Estaba muy contento con ella", dijo Jonás.

"Tú no la hiciste crecer, pero sientes tristeza porque ya no está", dijo Dios. "Imagínate cómo me siento yo con la gente de Nínive, los niños, los animales... yo les di a todos la vida".

Por fin Jonás comprendió cuánto amaba y cuidaba Dios al mundo.

El rey
de la paz

MIQUEAS: 5

Muchas veces el pueblo de Israel olvidó las leyes de Dios, y muchas veces sus profetas avisaron de los problemas que esto traería. Algunos profetas también hablaron de las cosas maravillosas que Dios planeaba para el futuro.

El profeta Miqueas habló de la promesa de Dios de un rey para Israel, que vendría de la pequeña ciudad de Belén.

"Reinará sobre su pueblo con la majestad de Dios", dijo Miqueas. "Y no será famoso sólo en Israel. Su grandeza será reconocida en todo el mundo. Será el rey de la paz".

Miqueas estaba hablando de Jesús, y su historia se cuenta en el Nuevo Testamento.

215

EL
NUEVO
TESTAMENTO

El ángel mensajero

LUCAS: 1

En Nazaret, una pequeña ciudad de Galilea, al norte de Israel, vivía una muchacha llamada María. Estaba prometida con José, que era descendiente del rey David. José era el carpintero de la ciudad.

Un día, cuando María estaba realizando las tareas cotidianas, se dio cuenta de que había un extraño mirándola.

"Soy Gabriel", le dijo el extraño. "La paz sea contigo, María. El señor Dios me ha enviado con un mensaje especial para ti. Él te ha bendecido".

218

María miró al ángel preguntándose qué
tendría que decirle.

Gabriel vio que María estaba asustada.

"No te asustes, María", dijo. "Dios te ama y te ha elegido entre todas las mujeres para ser la madre del rey prometido. Tendrás un niño, el Hijo de Dios. Y le llamarás Jesús".

Pero María no entendía.

"¿Cómo es posible?", preguntó ella.

"El Espíritu Santo caerá sobre ti y el poder de Dios estará dentro de ti. Él cuidará de todo", le dijo Gabriel a María. "¿Te acuerdas de tu prima Isabel, la que pensó que nunca podría tener hijos? Está esperando un niño también. Dios puede hacerlo todo si confías en Él".

Entonces María supo que ya no necesitaría hacer más preguntas. Sólo necesitaba confiar en Dios.

"Soy la sierva de Dios", dijo. "Haré lo que Él quiera".

Elegido

MATEO: 1

Cuando José se enteró de que María estaba esperando un niño se quedó muy preocupado. José era un hombre bueno y no quería dejar mal a María ante la gente. Así que decidió romper su compromiso en secreto.

Antes de hacerlo, José tuvo un sueño en el que un ángel del Señor le decía: "No rompas tu compromiso con María. Ella no ha hecho nada. Ha sido elegida para ser la madre del hijo de Dios y tú llamarás al niño Jesús. Cuando sea mayor salvará al mundo de sus pecados".

Cuando José se despertó, ya sabía lo que tenía que hacer. Se casaría con María y cuidaría del niño, como el ángel le había dicho.

223

La pequeña ciudad de Belén

LUCAS: 2

Poco después se dio a conocer un edicto del
emperador Augusto para todo el Imperio
romano. Quería asegurarse de que todo
el mundo pagaba sus impuestos.

La única forma de conseguir esto era haciendo volver a toda la gente a la ciudad de la que procedía su familia, para que sus nombres pudieran ser escritos y registrados.

Como la familia de José era de una ciudad llamada Belén, en Judea, él y María tuvieron que regresar allí. Emprendieron el largo viaje y María iba montada en un burro.

El bebé de María iba a nacer en cualquier momento y ella estaba agotada. Después de viajar durante muchos días y muchas noches llegaron por fin a la pequeña ciudad de Belén.

225

Había mucho jaleo en la ciudad, ya que estaba llena de gente que había ido a registrarse. María y José buscaron un sitio para pasar la noche.

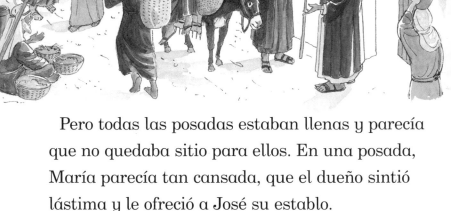

Pero todas las posadas estaban llenas y parecía que no quedaba sitio para ellos. En una posada, María parecía tan cansada, que el dueño sintió lástima y le ofreció a José su establo.

El establo estaba lleno de animales y muy sucio, olía muy mal. Pero al menos María podría descansar.

María dio a luz a su hijo justo esa noche. Lo envolvió con trozos de paño para que no tuviera frío y lo puso con cuidado en un pesebre para que durmiera.

Los pastores

LUCAS: 2

En las montañas de las cercanías de Belén había unos pastores cuidando de sus rebaños de ovejas.

De repente, vieron una llama de luz cegadora en el cielo. Los pastores sintieron mucho miedo. Tuvieron que taparse los ojos. ¿Qué sería aquello?

Entonces apareció el ángel del Señor y les habló.

"No temáis", dijo el ángel. "Traigo buenas noticias, que llenarán de alegría a todo el pueblo. Hoy ha nacido en Belén el rey prometido por Dios, vuestro Salvador. Id a ver al niño. Lo encontraréis durmiendo en un pesebre".

Después, una multitud de ángeles apareció en el cielo cantando: "Gloria a Dios en el Cielo y paz a todos los hombres en la Tierra".

Los ángeles desaparecieron y el cielo se oscureció otra vez. Los pastores sabían que tenían que irse deprisa a Belén, a ver al niño. Guardaron sus rebaños y partieron.

En Belén encontraron a María y a José con su niño. Estaba durmiendo en un pesebre, tal como el ángel había dicho.

Los pastores contaron a María y a José todo lo que el ángel les había explicado. Después, regresaron al campo. En el camino de vuelta iban cantando canciones de alabanza a Dios. Nunca olvidarían esa noche.

Los tres Magos

MATEO: 2

Lejos de allí, en Oriente, tres sabios magos que estudiaban los cielos, habían observado una estrella especial. Supieron que era una señal importante y decidieron seguirla para ver a dónde llevaba. Viajaron durante muchos días y noches y por fin llegaron a Jerusalén.

"¿Dónde está el bebé que ha nacido para ser el rey de los judíos?", preguntaron. "Hemos visto su estrella y hemos venido a adorarlo".

Cuando Herodes, que era ya el rey de los judíos, oyó hablar de los Magos, se puso furioso.

Llamó a todos sus sacerdotes y consejeros y les preguntó dónde podría encontrar al nuevo rey.

"En la ciudad de Belén, en Judea", contestaron. "Eso es lo que han escrito los profetas".

Herodes organizó un encuentro secreto con los Magos. Quería saber la hora exacta en la que apareció la estrella, para poder averiguar la edad del bebé. Después, los envió a Belén a buscar al pequeño. Dijo que él quería también ver al niño y alabarlo. ¡Pero en realidad tenía en la mente una idea muy malvada!

Los Magos abandonaron Jerusalén
y fueron muy felices al ver de nuevo
la estrella que habían observado
en Oriente.

Cuando la estrella se posó encima de una
casa en Belén, supieron que por fin habían
encontrado a su rey.

En el interior de la casa, donde estaban ahora María y José, los tres Magos se arrodillaron ante el niño Jesús y le dieron los regalos que habían traído: oro, incienso de un olor muy dulce y una pomada aromática llamada mirra.

Poco tiempo después, en un sueño, Dios advirtió a los Magos de que no volvieran a ver a Herodes, sino que regresaran a casa por otro camino.

Cuando se fueron, Dios también envió un mensajero para advertir a José.

"Herodes buscará al niño para matarlo. Tienes que huir con él y María a Egipto rápidamente. Quedaos allí, hasta que yo te avise".

De esta manera, José y María recogieron sus cosas y salieron en dirección a Egipto.

La casa de mi Padre

LUCAS: 2

Al morir Herodes, el mensajero de Dios dijo a María y José que regresaran a su casa de Galilea. Así, Jesús se educó en Nazaret y fue un alumno muy aplicado.

Cuando tenía doce años, sus padres lo llevaron a Jerusalén a celebrar la fiesta de Pascua.

En el camino de vuelta, María y José pensaron que Jesús iba con alguien de su familia, que era muy numerosa, y no se preocuparon aunque llevaban un rato sin verlo.

Estuvieron un día de viaje antes de darse cuenta de que Jesús había desaparecido. Empezaron a buscarlo preguntando a la familia y los amigos, pero nadie lo había visto.

Aquella noche la pasaron despiertos, incapaces de dormir por el miedo y la preocupación.

A la mañana siguiente, volvieron temprano a Jerusalén y lo buscaron por toda la ciudad.

Al tercer día, lo encontraron en el templo. Estaba sentado con los hombres que cnseñaban las leyes de Dios, escuchando atentamente todo lo que decían y haciendo preguntas. Todos los que le oían se quedaban maravillados de lo bien que entendía las enseñanzas.

"¿Por qué nos has preocupado de esta forma?", le preguntó María. "Deberías haber imaginado lo angustiados que estábamos".

Jesús pareció sorprendido.

"¿No sabíais que yo iba a estar aquí, en la casa de mi Padre?", dijo él.

José y María no entendieron lo que quería decir y Jesús no dio más explicaciones. Después, volvieron los tres juntos a Nazaret.

Va a llegar el rey prometido por Dios

MATEO: 3, MARCOS: 1, LUCAS: 3, JUAN: 1

La prima de María, Isabel, había dado a luz un hijo llamado Juan, y su padre, Zacarías, lo educó para que siguiera las leyes de Dios.

Cuando fue mayor, Juan decidió ir a vivir solo al desierto de Judea. Llevaba ropas de pelo de camello y comía langostas y miel silvestre. Juan era mensajero de Dios y la gente llegaba desde Judea, Jerusalén e incluso más lejos para escucharle.

"Va a llegar el rey prometido por Dios", les decía. "Pedid perdón a Dios. Cambiad vuestra vida y sed bautizados, que Dios os perdonará lo que hayáis hecho mal".

Juan llevaba a aquellos que querían el perdón de Dios a la orilla del Jordán. Se metía con ellos en el río y sumergía sus cabezas en el agua. A esto se le llamaba bautismo. Era una señal de que Dios había perdonado sus pecados y habían quedado limpios.

Juan enseñaba a la gente que debía compartir lo que tenía con los que eran menos afortunados que ellos. Algunos se empezaron a preguntar si él podría ser el rey prometido por Dios.

Pero Juan exclamaba: "Estoy aquí para deciros que alguien mucho más grande que yo vendrá pronto, y yo no soy digno ni de sostener sus zapatos".

En ese momento llegó Jesús de Nazaret y fue al río Jordán para que Juan lo bautizara. No se habían visto nunca antes, pero Juan supo que él era el rey prometido por Dios.

"Tú deberías bautizarme a mí, Señor", dijo Juan.

Pero Jesús lo convenció

Después, cuando Jesús salió del agua, el espíritu de Dios en forma de paloma se posó sobre él y se oyó una voz del cielo que decía: "Éste es mi Hijo amado y estoy muy satisfecho con Él".

Convertido en vino

MARCOS: 1; JUAN: 2

Poco tiempo después, metieron a Juan en la cárcel. Por eso, Jesús fue a Galilea predicando el mismo mensaje: "El reino de Dios está cerca. ¡Cambiad vuestras vidas y creed la buena noticia!".

A lo largo del camino, encontró a algunos hombres que más adelante serían seguidores suyos, como Andrés y su hermano Simón (al que Jesús llamó Pedro), Juan y Natanael.

Como Jesús viajaba por todo el país, un día le invitaron a una boda en Caná, junto con su madre y sus amigos. Durante el banquete de bodas se acabó el vino y María se lo comentó a Jesús. Un poco nervioso, Jesús comenzó a hablar: "Mi hora todavía no ha llegado...", pero María ya se había vuelto a los sirvientes y les había dicho: "Haced exactamente lo que él os diga".

Allí cerca había seis grandes tinajas de agua. Los invitados habían usado el agua para lavarse antes de la comida, de acuerdo con la ley judía. Pero ya estaban vacías.

"Llenad las jarras de agua", dijo Jesús a los sirvientes. "Después servid un poco de agua en un vaso y llevadlo al hombre que sirve la mesa".

Los sirvientes hicieron lo que les decía y le llevaron el agua al hombre.

¡Se había convertido en vino!

El hombre a cargo de la mesa llamó al novio.

"Todo el mundo sirve el mejor vino al principio y deja el vino corriente para el final. ¡Pero tu has guardado el mejor vino hasta ahora!".

Éste fue el primer milagro de Jesús y sólo los sirvientes que echaron el agua supieron su secreto.

Doce buenos amigos

MATEO: 4, 10; MARCOS: 1, 3; LUCAS: 5, 6

Las noticias sobre Jesús y sus enseñanzas corrieron rápidamente de boca en boca. Hablaba con tanta autoridad y poder, que llegaban grandes multitudes desde todas partes para oírle hablar.

Un día, Jesús estaba predicando junto al lago de Genesaret. Cada vez había más gente y todos se acercaban a la orilla. Jesús vio dos barcas situadas al borde del lago. Los pescadores estaban allí cerca lavando las redes. Jesús subió a una de las barcas y le pidió a Simón, el pescador, que la separara un poco de la tierra. Desde allí, sentado en la barca, pudo seguir enseñando a la gente.

Cuando terminó de hablar, Jesús dijo a Simón que remaran hacia el interior del lago y echaran las redes.

"Hemos estado trabajando toda la noche y no hemos tenido suerte", dijo Simón. "Pero si tú lo dices, lo intentaremos otra vez".

Simón y su hermano, Andrés, obedecieron a Jesús. Y en seguida capturaron tal cantidad de peces que casi se rompían las redes y la barca comenzaba a hundirse.

"Ven, ayudadnos", gritaron los dos hombres a Santiago y Juan, que estaban en la otra barca. Los pescadores quedaron atónitos.

Cuando las barcas llegaron otra vez a la orilla, cargadas de peces, Jesús dijo: "No os asustéis. Quicro que me sigáis los cuatro. Desde ahora seréis pescadores de hombres, no de peces".

Así que los cuatro hombres dejaron sus barcas y siguicron a Jesús.

Un día Jesús fue a ver a un recaudador de impuestos, llamado Leví, y le dijo que lo dejara todo y le siguiera. Leví se levantó y obedeció.

Los recaudadores no eran muy populares entre el pueblo judío, porque cobraban impuestos para los romanos. Algunos se sacaban un dinero extra subiendo aún más los impuestos de los judíos. Por eso, cuando Leví dio una fiesta para Jesús en su casa, algunas de las personas más religiosas se disgustaron con Jesús por haber asistido.

"¿Por qué comes y bebes con esos pecadores?",
le preguntaron enfadados.

"Las personas que están sanas no necesitan
un médico", contestó Jesús. "Yo ayudo a los
enfermos como los médicos. No necesito ayudar
a los que ya han encontrado a Dios de verdad. He
venido a ayudar a los que están lejos de Dios".

256

Aquellas noches, cuando ya había terminado de enseñar y la gente se había marchado a sus casas, Jesús solía subir a la montaña, donde podía estar tranquilo y rezar. A veces, pasaba rezando toda la noche.

Una vez, Jesús reunió a todos sus seguidores. Había elegido doce de los más leales para que fueran sus amigos especiales o discípulos. Estos doce eran: Simón (al que Jesús llamó Pedro) y su hermano Andrés, Santiago y Juan, Felipe y Bartolomé, Mateo, Tomás, Santiago (el hijo de Alfeo), Simón (el celador), Judas (hijo de Santiago) y Judas Iscariote.

Jesús les explicó por qué Dios le había enviado a la Tierra. Los discípulos llegaron a ser muy buenos amigos y acompañaron a Jesús a todas partes, siendo testigos de todo lo que hacía.

El paralítico

MATEO: 9; MARCOS: 2; LUCAS: 5

Se corrió por el país la noticia de que Jesús
podía curar a enfermos y discapacitados.
Pronto, empezó a llegar gente de todos los
lugares sólo para que les tocara con sus
manos.

Un día, Jesús estaba enseñando en casa. Llegó tanta gente a escucharlo que la casa se llenó enseguida. No cabía nadie más. Incluso fuera, la multitud esperaba sólo para ver y tocar a Jesús.

Entonces llegaron cuatro hombres. Llevaban a un amigo en una camilla. El pobre hombre era paralítico y sus amigos creían de verdad que Jesús podría curarlo. Pero, aunque lo intentaron todo, no consiguieron abrirse paso entre la gente para entrar en la casa y ver a Jesús.

260

Los hombres no se rindieron. Subieron a su amigo al tejado de la casa, hicieron un agujero y bajaron al hombre paralítico hasta donde estaba Jesús hablando y enseñando.

Cuando Jesús vio lo que los hombres habían hecho, quedó conmovido porque tenían mucha fe. ¡Y cómo se preocupaban por su amigo! Jesús se volvió al hombre y le dijo: "Tus pecados te son perdonados".

Había otros maestros de la ley en la casa y les puso furiosos que Jesús se atreviera a decir eso.

"¿Cómo puede hablar así?", pensaban. "Sólo Dios puede perdonar los pecados".

Jesús supo exactamente
lo que los maestros estaban
pensando.

"¿Por qué pensáis así?", preguntó.
"Decidme qué creéis que es más fácil:
¿decirle a este hombre, 'tus pecados te son
perdonados' o hacer que se levante y ande?
Quiero que entendáis que Dios le ha dado
al Hijo del Hombre el poder de hacer las dos
cosas".

Entonces Jesús habló
al hombre tumbado en la
camilla: "¡Levántate y vete a casa!".

Y pudieron ver que el hombre hacía lo que
Jesús le había dicho.
Todos estaban
maravillados y
alababan a Dios
diciendo: "Nunca
antes hemos
visto nada
igual".

Nuestro Padre en el Cielo

MATEO: 5-7; LUCAS: 6

Jesús iba a menudo a las montañas de los alrededores de Galilea. Un día, la gente se acercó a él para escuchar las bienaventuranzas de Dios.

"Dichosos los pobres de espíritu, porque de ellos es el reino de los Cielos", dijo Jesús. "Dios consolará a los que lloren y recompensará a los humildes".

"Dichosos los que tienen hambre y sed
de justicia, porque serán saciados. Sed
misericordiosos con los demás y alcanzaréis
misericordia. Los limpios de corazón verán
a Dios y los que trabajan por la paz serán
llamados hijos de Dios. Si sois perseguidos por
hacer lo que Él pide, será vuestro el reino de
los Cielos. Estad alegres porque la recompensa
será grande en el Cielo".

Jesús utilizaba comparaciones para que la gente entienda sus enseñanzas con facilidad.

"Vosotros sois como la sal que ponemos en la comida para que no se ponga mala. Evitaréis que el mundo de Dios se estropee", decía.

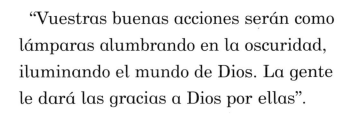

"Vuestras buenas acciones serán como lámparas alumbrando en la oscuridad, iluminando el mundo de Dios. La gente le dará las gracias a Dios por ellas".

"Dios os ha dado leyes y tenéis que obedecerlas siempre. Dios dice, 'No matarás'. Pero también está mal estar tan enfadado como para querer matar a alguien. Dios quiere que améis a vuestros enemigos y seáis amables con los que nos hacen daño".

Entonces Jesús les habló de las oraciones.

"Retiraos a un lugar tranquilo cuando queráis
rezar y hablar con Dios. Él sabe exactamente
lo que necesitáis. Así deberíais rezarle:

Padre nuestro que estás en el Cielo,
santificado sea tu nombre;
venga a nosotros tu Reino.
Hágase tu voluntad
así en la Tierra como en el Cielo.

Danos hoy nuestro pan de cada día.
Perdona nuestras ofensas
como también nosotros perdonamos
a los que nos ofenden.
No nos dejes caer en tentación
y líbranos del mal.

269

"No amontonéis dinero ni compréis cosas aquí en la Tierra, que os las pueden quitar. Mejor amontonad vuestra riqueza en el Cielo, donde Dios os dará todo lo que necesitáis", dijo Jesús.

"No os preocupéis por lo que vais a comer mañana. Mirad los pájaros que vuelan a vuestro alrededor...".

"Ellos no siembran ni tienen graneros, pero Dios cuida de ellos. Y vosotros sois para Él mucho más importantes que ellos".

"No os preocupéis por la ropa. Mirad cómo Dios viste a las flores en los campos. Ellas no trabajan, pero Él las cuida igual. Poned vuestra confianza en Dios y el proveerá con todas estas cosas".

Cimientos sólidos

MATEO: 7

A la gente le encantaba escuchar las historias que contaba Jesús. "Si seguís mis enseñanzas", decía, "seréis como una persona que construye su casa sobre cimientos buenos y sólidos, como en esta historia...".

"Dos hombres decidieron construirse una casa. El hombre sabio la construyó sobre una roca. Llegó la lluvia, crecieron los ríos y soplaron los vientos, pero la casa se mantuvo firme".

"Pero si ignoráis lo que os digo, sois como el otro hombre, que fue tonto y construyó su casa en la arena. No tenía cimientos y cuando llegaron las lluvias, las inundaciones y los vientos, ¡la casa se hundió!".

Todos los que le escuchaban quedaban encantados por la sencillez con que explicaba la verdad de Dios.

Un centurión romano

MATEO: 8; LUCAS: 7

Un día, cuando Jesús había terminado de hablar, fue a una ciudad llamada Cafarnaum, donde vivía un centurión romano.

Generalmente, los judíos odiaban a los soldados romanos, pero éste era diferente. Era amable con la gente del lugar.

Un día, su siervo cayó enfermo. Cuando el centurión escuchó que Jesús estaba en la ciudad, le pidió a sus amigos judíos que fueran a buscarle. Quería que Jesús fuera a su casa y lo curara.

"Ven, por favor", le suplicaron los amigos a Jesús. "Este centurión realmente merece tu ayuda. Es un hombre bueno. Está pagando la construcción de una sinagoga para nosotros".

Así que Jesús aceptó y se puso en marcha hacia la casa del centurión.

Casi habían llegado a la casa, cuando aparecieron otros amigos del centurión.

El romano le había pedido a sus amigos que le dijeran a Jesús que no entrara en su casa. El sentía que no era lo suficientemente bueno como para acoger a Jesús, ni para llevarle el mensaje en persona. Dijo que sabía que su siervo se sentiría mejor simplemente si Jesús se lo ordenaba, como un soldado.

Jesús quedó asombrado. Se giró y habló a la multitud que lo acompañaba.

"Nunca he visto una fe como esta", dijo, "tampoco entre los judíos". Después pidió que le llevaran este mensaje al centurión: "Que suceda tal como creíste".

Cuando los mensajeros volvieron a la casa del centurión, vieron que el siervo estaba sano otra vez, como había prometido Jesús.

Una gran tormenta

MATEO: 8; MARCOS: 4; LUCAS: 8

Una tarde, al terminar sus enseñanzas, Jesús propuso a los discípulos cruzar en barca el lago hasta la otra orilla.

Así lo hicieron, y como el agua mecía suavemente la barca, Jesús no tardó en dormirse. Había sido un día largo y estaba muy cansado.

Al poco tiempo, de repente cambió el viento. Se hizo muy fuerte y formaba unas olas enormes. Se levantó una gran tormenta. Las olas eran cada vez más y más grandes y ya cubrían la pequeña barca. Pero todo el ruido y el revuelo no despertaron a Jesús.

Algunos de los discípulos eran pescadores y había vivido muchas tormentas antes. Pero incluso ellos empezaron a asustarse. ¿Cómo podía Jesús seguir durmiendo con esta tempestad? Y lo despertaron.

"¡Maestro, despierta!", gritaron. "¡Vamos a morir todos!".

Jesús se levantó. "¡Calmaos!", ordenó a las olas y al viento.

De pronto, el viento cesó y las aguas se tranquilizaron.

Jesús se volvió a sus discípulos. "¿Dónde está vuestra fe?", les preguntó. Ellos no contestaron. Sólo miraban asombrados y admiraban a ese hombre que, aunque parecía uno de ellos, era capaz de parar el viento y las olas. ¿Quién podría ser para tener tanto poder?

Basta con que creas

MATEO: 9; MARCOS: 5; LUCAS: 8

Cuando Jesús volvió a la orilla del lago había una multitud esperándole. Entre ellos estaba Jairo, un guía de la sinagoga del pueblo. Se arrodilló ante Jesús y le pidió que fuera con él a su casa.

"Mi única hija está muy enferma", dijo. "Sólo tiene doce años y se está muriendo".

Jesús se fue con el hombre rápidamente.
La gente los seguía empujándole al pasar.

Entre la multitud había una mujer que llevaba
enferma muchos años. Sabía que Jesús tenía
poder para curarla, así que se puso detrás de
él y tocó su túnica. Quedó curada al instante.

Aunque había mucha gente rodeándole, Jesús notó que alguien le había tocado.

"¿Quién ha tocado mi túnica?", preguntó.

"¡Quién sabe!", contestó Pedro. "Hay tanta gente a tu alrededor…"

"Alguien quería curarse", dijo Jesús, "y me ha tocado. ¿Quién ha sido?".

Al oír a Jesús, la mujer supo que la había descubierto. Algo nerviosa, dio unos pasos hacia adelante y explicó por qué había tocado la túnica y cómo se había curado inmediatamente.

"Tu fe te ha sanado", le dijo Jesús. "Vete en paz".

Mientras Jesús hablaba con la mujer, llegó un mensajero de la casa de Jairo.

"Tu hija ha muerto", le dijo a Jairo. "No molestes al Maestro por más tiempo".

Al escuchar esto, Jesús dijo a Jairo: "No temas. Basta con que creas y ella vivirá".

Se apresuraron hacia la casa, donde encontraron a todos llorando.

"No lloréis", les dijo Jesús. "La niña no está muerta, sólo está durmiendo". Entró en la habitación y le dijo: "Levántate, niña". Y ella se levantó en seguida.

"Dadle algo de comer", dijo Jesús. Los padres de la niña estaban maravillados. Apenas podían creer lo que habían visto.

El Buen Pastor

Toda clase de gente iba a ver a Jesús y él nunca rechazaba a nadie. Pero algunos de los maestros de la ley refunfuñaban. No entendían por qué Jesús se mezclaba con recaudadores de impuestos y con pecadores.

Así que un buen día, para que le entendieran, Jesús contó a los maestros una historia.

"Si un pastor tiene cien ovejas", dijo Jesús,
"y una de ellas se pierde, ¿que haría el pastor?
Dejaría a las otras noventa y nueve seguras
en el campo y se iría a buscar la oveja perdida.
Y no se rendiría hasta encontrarla".

"Y entonces el buen pastor estaría contento", continuó Jesús. "Se cargaría la oveja a los hombros y la llevaría a casa. Después llamaría a sus amigos y vecinos para que vinieran a celebrar con él el haber encontrado la oveja perdida".

"En el Cielo las cosas también son así", dijo Jesús. "Yo soy el Buen Pastor. He venido a buscar a los que se han apartado de Dios, para llevarlos a casa con Él. Un buen pastor nunca abandona a sus ovejas, tampoco cuando atacan los lobos. El pastor conoce bien a cada una de ellas. Los que me siguen son mis ovejas. Yo los guío y los protejo. Y estoy dispuesto a entregar mi vida por ellos".

Las semillas que caen en tierra buena

MATEO: 13; MARCOS: 4; LUCAS: 8

Jesús contaba muchas historias o parábolas para explicar cómo era el reino de Dios.

"Había una vez un hombre", dijo Jesús, "que se fue a sembrar. Y cuando echó las semillas, una parte cayó en el camino. Vinieron los pájaros y se las comieron".

"Algunas semillas cayeron en un terreno lleno de piedras. Brotaron pronto, pero no había suficiente tierra para que echaran raíces. Por eso cuando salió el sol las plantitas se secaron".

"Algunas semillas cayeron entre cardos, que ahogaron las plantas cuando crecieron. Y otras cayeron en tierra buena. Las semillas se convirtieron en altas espigas y dieron mucho trigo".

Después Jesús explicó lo que significaba esa parábola.

"Las personas que escuchan el mensaje de Dios, pero no lo entienden, son como las semillas del camino. No lo aceptan. Las semillas que cayeron en el suelo de piedras son como la gente que se alegra cuando escucha el mensaje, pero en cuanto llega un problema, se rinde. Las semillas que cayeron entre los cardos son como los hombres que permiten que su amor al dinero y otras preocupaciones estropeen el mensaje".

"Las semillas que cayeron en tierra buena son como los que escuchan lo que Dios dice. Su forma de vida muestra que lo entienden y actúan de acuerdo con su mensaje".

"Yo soy el hombre que siembra..."

MATEO: 13

Jesús les contó otra parábola para explicar el reino de Dios.

"Un hombre plantó semillas buenas en un campo", dijo Jesús. "Pero tenía un enemigo y una noche, cuando todos estaban durmiendo, llegó aquel hombre y plantó cizaña entre las plantas recién sembradas".

"Cuando las espigas empezaron a crecer, los trabajadores vieron la cizaña y le preguntaron al amo: '¿De dónde sale la cizaña? Usted sembró buenas semillas. ¿Quiere que la arranquemos?'".

"El hombre dijo: '¡No! Dejadla, porque puede que al recoger la cizaña arranquéis con ella el trigo. Cuando sea tiempo de cosecha, los segadores recogerán primero la cizaña y la quemarán. Después será más fácil ver dónde está el trigo, lo recogeremos y lo guardaremos en mi granero'".

Cuando la gente se había marchado a casa y los amigos de Jesús estaban solos con él, le preguntaron qué significaba la historia de la cizaña.

"Yo soy el hombre que siembra la buena semilla, esparciendo el mensaje de Dios", dijo Jesús. "El campo es el mundo. La buena semilla es la gente que cree el mensaje de Dios. La cizaña son los que siguen al enemigo de Dios, al malvado. La cosecha llegará al final de los tiempos. Los segadores son los ángeles de Dios y separarán a la gente de Dios de los que se han apartado de Él o han hecho cosas malas".

Cinco mil personas

MATEO: 14; MARCOS: 6; LUCAS: 9; JUAN: 6

A medida que el tiempo pasaba, cada vez eran más y más los que iban a escuchar a Jesús. Él hablaba durante horas, pero el tiempo pasaba volando sin que la gente se diera cuenta. En una ocasión, Jesús estaba enseñando en el lago de Galilea. Al atardecer, todavía quedaba muchísima gente junto a él. Había sido un día largo y todos estaban hambrientos.

"Despide a la gente, para que se vayan a los pueblos y las aldeas y compren comida", dijeron los discípulos.

"Dadles de comer vosotros mismos", respondió Jesús.

"¿Dónde podremos comprar comida para tanta gente?", preguntaron sus discípulos.

Entonces habló Andrés, uno de ellos: "Aquí hay un niño que tiene cinco panes y dos peces pequeños. Pero no será en ningún caso suficiente para todos".

"Decidle a la gente que se siente en la hierba", dijo Jesús a sus discípulos. Y tomó el pan y el pescado dándole las gracias a Dios por ellos.

Después Jesús dio la comida a los discípulos
que empezaron a repartirla entre la gente.
Todos pudieron comer hasta quedar saciados.
Y se recogió la comida que había sobrado: ¡doce
cestas llenas!

Cinco mil personas comieron aquel día.

Moisés y el profeta Elías

MATEO: 17; MARCOS: 9; LUCAS: 9

Jesús sabía que sus enseñanzas se estaban extendiendo rápidamente. Un día, le preguntó a sus discípulos: "¿Quién dice la gente que soy yo?".

"Se dice que eres Juan el Bautista o uno de los profetas que ha vuelto a vivir", le contaron.

"¿Y vosotros?", les preguntó Jesús, "¿quién creéis que soy yo?".

"Tú eres el rey que Dios nos prometió",
contestó Pedro. Su respuesta agradó a Jesús y
supo que tenía que preparar a sus discípulos
para lo que iba a venir.

"Pronto tendré que viajar a Jerusalén", dijo
Jesús. "Los sacerdotes y maestros de la ley no
creen que soy el Hijo de Dios. Me llevarán a
morir, pero después de tres días resucitaré".

"Si queréis seguirme os veréis metidos
en dificultades", dijo Jesús a sus amigos.
"También tendréis que sufrir".

Una semana más tarde, Jesús subió a un
monte con Pedro, Santiago y Juan. Cuando
se arrodilló para rezar, la cara y las ropas de
Jesús se volvieron de un blanco resplandeciente.

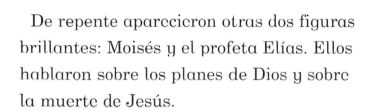

De repente aparccicron otras dos figuras
brillantes: Moisés y el profeta Elías. Ellos
hablaron sobre los planes de Dios y sobrc
la muerte de Jesús.

Pedro, Santiago y Juan se habían dormido.
Cuando despertaron y vieron las figuras, se
asustaron mucho. Entonces, una nube cruzó
el cielo y se oyó una voz diciendo:

"Éste es mi Hijo. Escuchad lo que tiene que
deciros". Después desapareció la visión y Jesús
y sus amigos se quedaron solos.

Mi hijo estaba perdido

LUCAS: 15

Cada día venía más gente a escuchar a Jesús,
muchos de ellos eran malhechores y pecadores.
Los fariseos, los maestros judíos de la ley,
siempre comentaban entre ellos: "Jesús no es
buen Maestro. Va con muy malas compañías".
Así que Jesús les contó una historia para que
lo entendieran.

Había una vez un hombre que tenía dos hijos.
Un día el pequeño dijo: "Padre, me gustaría que
me dieras mi parte de la hacienda". Y el padre
dividió su fortuna y le dio la mitad a cada hijo.

Al poco tiempo el hijo menor dejó su casa
y se fue a un país lejano. Se dio a la buena
vida y pronto se le acabó el dinero.

Entonces, llegó una hambruna a aquel país y el hijo menor sólo pudo encontrar trabajo de cuidador de cerdos. Tenía tanta hambre que se habría comido las algarrobas que les echaba a éstos.

"¿Qué estoy haciendo?", se dijo a sí mismo. "En casa de mi padre, los criados tienen comida de sobra y aquí estoy yo pasando hambre. Volveré a casa y reconoceré ante mi padre que me he portado mal con él y con Dios. Le pediré perdón. Ya no merezco ser su hijo, pero a lo mejor me deja trabajar para él".

Así que recogió las pocas cosas que tenía y volvió a casa.

El hijo todavía estaba un poco lejos de la casa cuando su padre lo vio llegar. El padre se puso contentísimo, corrió a su encuentro y lo abrazó. El hijo dijo que lo sentía, justo como había pensado, y su padre llamó a los criados.

"Traedle ropas nuevas", ordenó. "Matad el mejor ternero y preparad un banquete. Creía que mi hijo estaba perdido o incluso muerto. ¡Pero está vivo y ha vuelto a casa! ¡Vamos a celebrar una fiesta!".

Mientras tanto, el hijo mayor había estado trabajando en los campos. Cuando se acercaba a casa, escuchó el ruido de la música y las risas que llegaban desde allí.

"¿Qué pasa?", preguntó el hijo a una criada.

"Tu hermano ha vuelto y tu padre está celebrándolo", contestó la criada. El hermano mayor se enfadó tanto que se negó a entrar en casa.

Su padre lo vio y salió a ver qué ocurría.

"Todos estos años he trabajado para ti como un esclavo", le dijo a su padre. "Y jamás te he desobedecido. Nunca has hecho una fiesta para mí, ¡y ahora haces una para el inútil de mi hermano!".

"Hijo mío, tú sabes que todo lo mío es tuyo", dijo su padre, "pero ahora tenemos algo que celebrar: tu hermano estaba perdido y lo hemos encontrado".

El buen samaritano

LUCAS: 10

Jesús era tan popular en la región que los guías religiosos le tenían envidia. Querían deshacerse de él y algunos incluso le deseaban la muerte. Otros intentaban pillarle haciéndole preguntas difíciles como: "¿Qué tengo que hacer para conseguir la vida eterna?".

"¿Qué dice la ley de Dios que tienes que hacer?", replicó Jesús a aquel guía.

"Tengo que amar a Dios con todo mi corazón, con todas mis fuerzas y con toda mi mente", contestó el hombre. "Y tengo que amar al prójimo tanto como a mí mismo. ¿Pero eso qué significa? ¿Quién es mi prójimo?".

Para responder a esta pregunta, Jesús hizo lo que hacía a menudo. Contó una historia.

Había una vez un hombre que viajaba de Jerusalén a Jericó. Por el camino le atacaron unos ladrones. Lo golpearon y lo dejaron medio muerto. Poco después pasó un sacerdote por aquel camino, lo vio y siguó andando.

"Después llegó un maestro de la ley", dijo Jesús, "y tampoco hizo nada para ayudarlo. Cruzó al otro lado del camino y pasó de largo".

"Más tarde, llegó un samaritano. Vio al hombre, y sintió mucha lástima. Le limpió las heridas delicadamente".

"Y con mucho cuidado, cargó al hombre en su burro y lo llevó a una posada cercana".

"Al día siguiente", continuó Jesús, "el samaritano se tenía que ir. Le dio dinero al posadero y dijo: 'Cuida de este hombre. Y si gastas más, a la vuelta te lo pagaré'".

"El samaritano hizo todo esto aunque sabía que el hombre era judío y los judíos no aprecian a los samaritanos".

Jesús miró al guía que le había hecho la pregunta y dijo: "¿Quién dirías tú que ha sido un verdadero prójimo?".

"El buen samaritano", contestó el hombre.

"Entonces vete", dijo Jesús, "e intenta parecerte más a él".

321

Lázaro vuelve a la vida

LUCAS: 10; JUAN: 11

A Jesús le gustaba visitar a algunos amigos cuando pasaba por un lugar llamado Betania, cerca de Jerusalén. Eran dos hermanas llamadas Marta y María y su hermano, Lázaro.

Una vez, Marta estaba muy ocupada preparando comida, mientras María simplemente escuchaba lo que Jesús le decía.

"¿Por qué no le dices a María que venga y me ayude?", le dijo enfadada Marta a Jesús.

"María hace bien escuchándome", respondió Jesús. "Tú no te deberías preocupar tanto por las cosas del mundo. Ven y escucha lo que tengo que decir".

Un día, Jesús recibió un mensaje de las dos hermanas.

"Lázaro está muy enfermo", decía. "Por favor, ven a vernos pronto".

Jesús quería mucho a Lázaro y sus hermanas, así que los discípulos creyeron que Jesús se apresuraría a ir hacia Betania. Pero Jesús se quedó donde estaba dos días más. Él sabía que Lázaro, por entonces, ya estaría muerto.

Los amigos de Jesús no querían acercarse a
Jerusalén. Sabían que sus enemigos estaban
allí, maquinando algo contra él. Pero al ver que
él estaba decidido a marcharse, Tomás dijo:
"Vamos todos con él. Moriremos juntos".

Cuando llegaron a Betania, Marta salió
corriendo a recibirlos, pero María se quedó
en casa.

Marta le dijo a Jesús: "Si hubieras estado aquí, mi hermano no habría muerto". Lázaro llevaba ya en la tumba cuatro días.

"Tu hermano vivirá otra vez", le dijo Jesús.

"Ya sé que vivirá el último día", dijo Marta.

"Yo soy la resurrección y la vida", contestó Jesús. "Todo el que crea en mí no morirá nunca de verdad. ¿Tú crees esto?".

"Sí lo creo, Señor", dijo Marta. "Por fin he comprendido. Creo que eres el Cristo, el Hijo de Dios".

"Creo que has venido al mundo para dar una vida nueva y eterna a todos los que crean en ti".

María y Marta estaban tan tristes que lloraban amargamente.

327

También lloraban los amigos que habían venido a consolar a las hermanas. Cuando Jesús vio esto, se apenó mucho y lloró también. Él quería mucho a Lázaro. Al verlo llorar, algunos se preguntaban por qué no había llegado antes para impedir que Lázaro muriera.

Entonces, Jesús caminó hacia la tumba, que estaba en una cueva cuya entrada se hallaba tapada por una piedra.

"Pero Señor, ya lleva cuatro días ahí dentro", dijo Marta. "Seguro que huele mal".

Jesús empezó a rezar. "Querido Dios. Yo sé que Tú eres mi Padre. Pero manda una señal para que esta gente comprenda que Tú me has enviado".

Después ordenó: "¡Lázaro, sal fuera!".

Inmediatamente, Lázaro salió andando de
la tumba. Todavía tenía por el cuerpo las
vendas con las que lo habían envuelto.

"Quitadle esas vendas para que pueda
caminar bien", dijo Jesús.

Muchas de las personas que estaban allí creyeron de verdad que Jesús había sido enviado por Dios. Pero otras no. Y fueron a ver a los sacerdotes del templo y les contaron que Lázaro había vuelto a la vida. Los sacerdotes se reunieron.

"Dentro de poco", dijeron, "todo el mundo creerá en ese hombre y lo seguirán. Entonces, los romanos pensarán que hemos iniciado una rebelión".

Y desde ese día, los sacerdotes comenzaron a planear la muerte de Jesús.

Ten compasión de nosotros

LUCAS: 17

Iba Jesús camino de Jerusalén cuando aparecieron diez hombres que tenían una terrible enfermedad de la piel llamada lepra.

"Ten compasión de nosotros", gritaban los hombres.

"Id y enseñad vuestros cuerpos a los sacerdotes", les dijo Jesús. Sólo los sacerdotes podrían declarar que estaban curados del todo.

Mientras los hombres corrían a ver a los sacerdotes, sus cuerpos se curaron. Un hombre, un samaritano, volvió a dar las gracias a Jesús.

"¿Por qué sólo ha venido un hombre a dar gracias a Dios si he curado a diez?", comentó Jesús a sus discípulos. Volviéndose al hombre dijo: "Vete, tu fe te ha curado".

Zaqueo, el recaudador de impuestos

LUCAS: 19

Pronto Jesús pasó por Jericó. Zaqueo, el jefe de los recaudadores de impuestos, vivía allí y estaba entre la multitud intentando ver a Jesús. Zaqueo era muy bajito y las cabezas le tapaban. Así que decidió adelantarse y subirse a un árbol para ver mejor.

Cuando Jesús pasó por allí, dijo: "Baja, Zaqueo. Esta noche quiero quedarme en tu casa".

¡Todos quedaron horrorizados! ¿Cómo podía mezclarse Jesús con esa gente?

Pero el encuentro con Jesús hizo cambiar a Zaqueo.

Prometió dar la mitad de su dinero a los pobres y ofrecer cuatro veces más a los que habían sufrido sus abusos.

Jesús se volvió a la gente y dijo: "El Hijo del Hombre busca y salva lo que estaba perdido".

Entrada en Jerusalén

MATEO: 21; MARCOS: 11; LUCAS: 19; JUAN: 12

A las afueras de Jerusalén, Jesús les dijo a dos de sus discípulos:

"Adelantaos un poco. A la entrada del siguiente pueblo encontraréis un burro. Traédmelo y si alguien os pregunta por qué os lo lleváis, decidle que os mando yo y que lo devolveré".

Los hombres encontraron el burro, le pusieron sus mantos en el lomo y ayudaron a Jesús a montarse en él.

Cuando la gente se dio cuenta de que Jesús había llegado a Jerusalén salieron a saludarle. Algunos tiraban su manto por donde pasaba él como si fuera una alfombra. Otros movían ramos de palmas. "¡Gloria a Dios!", gritaban. "¡Viene el rey prometido por Dios!".

Al entrar a Jerusalén, Jesús se fue directo al templo. Lo encontró lleno de vendedores de palomas. Otros cambiaban dinero por unas monedas especiales para el templo.

Jesús se puso furioso y empezó a expulsarlos. "¡Éste es un lugar de oración!", gritaba, "¡y lo habéis convertido en una cueva de ladrones!".

Después de esto Jesús curó a gente que estaba enferma.

Cuando los sacerdotes del templo se enteraron de lo que había hecho se enfadaron mucho. Eran tantos lo seguidores de Jesús, que los sacerdotes veían en él una verdadera amenaza para el poder que ellos tenían. La decisión de matarle se hizo todavía más firme.

Treinta monedas de plata

MATEO: 26; MARCOS: 14; LUCAS: 22

Se acercaba el tiempo de la fiesta de la Pascua.
Mientras los discípulos estaban comprando
fruta en el mercado, Judas Iscariote se apartó
silenciosamente y fue a ver a los sacerdotes.
El malvado había entrado en su corazón y ya
no creía que Jesús venía de Dios.

Cuando Judas les dijo a los sacerdotes el
motivo de su visita, éstos se alegraron mucho.

"¿Cuánto me pagaréis si os entrego a Jesús?", preguntó Judas a los sacerdotes.

Los sacerdotes contaron treinta monedas de plata y se las dieron.

"Os llevaré hasta él cuando esté solo, para que no haya problemas", prometió Judas. Y desde ese instante empezó a buscar el momento adecuado para traicionarlo.

La última cena

MATEO: 26; MARCOS: 14; LUCAS:22; JUAN: 13

Un día antes de la Pascua, Jesús les dijo a Pedro y a Juan que prepararan la cena.

"¿Pero dónde cenaremos?", le preguntaron.

Jesús les dijo: "A la entrada de Jerusalén encontraréis a un hombre con una jarra de agua. Él os llevará a una casa con una sala en el piso de arriba. Preparadlo todo allí para la cena".

Esa tarde, antes de la cena, Jesús se enteró de que los discípulos habían estado discutiendo sobre quién era el mejor de ellos. Jesús tomó tranquilamente una palangana de agua y comenzó a lavarles los pies. Pedro se sorprendió.

"No puedo dejar que tú me laves los pies", dijo.

"Quiero que sigáis mi ejemplo", dijo Jesús. "El que quiera ser grande en el reino de Dios tiene que aprender a servir a los demás, como yo os estoy sirviendo".

Después se sentaron a la mesa.

Durante la cena, Jesús dijo: "Uno de vosotros me va a traicionar, uno de los que está comiendo conmigo ahora".

Pedro le susurró a Juan: "Pregúntale quién es", y Juan lo hizo.

Jesús contestó: "Será uno al que le dé este pan", y les dio a cada uno un trozo de pan mojado en salsa de hierbas.

Así que siguieron sin saberlo, pero más tarde, Juan recordó que Jesús le había dado el primer trozo a Judas diciéndole: "Vete y haz lo que tienes que hacer".

Ninguno de los otros había entendido en ese momento lo que quería decir. Los discípulos creyeron que le había pedido a Judas que fuera a comprar más comida, porque él era el que guardaba el dinero. Vieron a Judas marcharse. Era de noche.

Entonces, Jesús prometió a los discípulos que el espíritu de Dios estaría siempre con ellos y les pidió que no tuvieran miedo. Sabía que iba a ser la última cena que compartían. Tomó un poco de pan, dio gracias a Dios por él y lo partió en trozos.

"Éste es mi cuerpo", dijo. "Yo seré partido igual que este pan. Moriré por vosotros. Haced esto en memoria mía".

Después tomó una copa de vino, dio gracias
a Dios otra vez y lo pasó diciendo:

"Ésta es mi sangre. Será derramada por
mucha gente. Bebed en memoria mía. No
volveremos a beber juntos hasta que estemos
en el reino de Dios".

Un huerto llamado Getsemaní

MATEO: 26; MARCOS: 14; LUCAS: 22

Después de la cena, Jesús subió al monte de los Olivos con sus amigos y allí fueron a un huerto llamado Getsemaní.

Mientras caminaban, Jesús les dijo: "Esta misma noche saldréis corriendo y me abandonaréis".

"¡Yo nunca haría eso!", protestó Pedro.

"Antes de que cante el gallo", dijo Jesús, "dirás tres veces que no me conoces".

"¡Antes de decir eso, moriría!", gritó Pedro. Los otros discípulos le dieron la razón.

En Getsemaní, Jesús entró con Pedro, Santiago y Juan, y los demás quedaron fuera.

"Mi corazón está triste", dijo Jesús. "Debo irme y rezar. Quedaos aquí y velad conmigo". Él se alejó un poco y se arrodilló para rezar.

"Padre", dijo Jesús, "si es posible, sálvame de esta muerte, pero sólo si es tu voluntad".

Después volvió a donde estaban Pedro, Santiago y Juan y los encontró dormidos. Los despertó y les pidió otra vez que permanecieran despiertos. Esta vez Jesús se alejó aún más para rezar.

Dos veces más volvió a ver a los discípulos y los encontró durmiendo. Cuando los despertó por tercera vez, Jesús oyó ruido de voces y vio una luz de antorchas que se acercaba.

Los guardianes del templo y los sacerdotes caminaban hacia Jesús. Habían venido a apresarlo. Judas los guiaba.

"El hombre que queréis es al que le daré un beso", dijo Judas a los guardias. Se acercó a Jesús y le dio un beso en la mejilla. Los guardias lo rodearon, pero él no opuso resistencia. Pedro sacó su espada y le cortó la oreja al sirviente de un sacerdote.

"¡Es suficiente!", dijo Jesús, y tocándole la oreja, le curó. Después se volvió a los sacerdotes y los guardias.

"¿Por qué venís armados con espadas como si fuera un criminal?", preguntó. Pero los sacerdotes y los guardias se lo llevaron sin decir una palabra. Entonces, los amigos de Jesús salieron corriendo, tal como Jesús había dicho que harían.

353

Yo no lo conozco

MATEO: 26; MARCOS: 14; LUCAS: 22-23; JUAN: 18

Los guardias llevaron a Jesús a casa del sumo sacerdote. Pedro lo siguió y se quedó en el patio. Se unió a un grupo de gente que estaba calentándose al fuego. De repente, una sirvienta lo vio y le miró fijamente.

"¿No ibas tú con Jesús?", preguntó.

"No, ni siquiera lo conozco", contestó Pedro.

Un poco más tarde, alguien le preguntó: "¿No eras tú seguidor de Jesús?".

Y Pedro lo negó otra vez.

Una hora más tarde, una tercera persona dijo: "Tú eres de Galilea. Seguro que conoces a Jesús".

"¡No, no lo conozco!", gritó Pedro.

En ese preciso momento cantó el gallo y Pedro recordó las palabras de Jesús. Salió de allí y se echó a llorar amargamente.

355

Mientras tanto, el Consejo de los Judíos estaba intentando encontrar pruebas para condenar a muerte a Jesús. Vinieron muchos falsos testigos que contaban mentiras, pero no era suficiente. Al final, el sumo sacerdote le preguntó a Jesús.

"¿No vas a defenderte de lo que se te acusa?". Pero Jesús no contestó.

"Te pongo bajo juramento", dijo el sumo sacerdote. "¿Eres tú el Hijo de Dios?".

"Tú has dicho que lo soy", dijo Jesús. "De ahora en adelante verás al Hijo del Hombre sentado al lado de Dios".

Furioso, el sumo sacerdote habló con el Consejo. "El prisionero dice ser igual a Dios", dijo. "No necesitamos más testigos después de esta afirmación. ¿Qué pensáis?".

"¡Culpable!", gritó todo el consejo. "¡Debe morir!".

357

En cuanto Judas oyó que habían condenado a muerte a Jesús se llenó de culpa y dolor. Fue a ver a los sacerdotes y tiró al suelo las treinta monedas de oro. "¡He pecado!", gritó. "¡He entregado a un hombre inocente!". Los sacerdotes se rieron de él. Entonces Judas se fue y se ahorcó.

Mientras, Jesús había sido llevado ante el gobernador romano, Poncio Pilato. Los judíos no podían ejecutarlo sin el permiso de aquél.

"Proclama que es un rey", le dijeron a Pilato.

"¿Eres tú el rey de los judíos?", preguntó Pilato.

"Eso es lo que tú dices", contestó Jesús, y después guardó silencio. Se negó a contestar más preguntas de Pilato. Éste no encontraba nada que Jesús hubiera hecho mal y lo quería dejar libre.

Padre, perdónalos

MATEO: 27; MARCOS: 15; LUCAS: 23; JUAN: 18

Era costumbre entre los judíos perdonar y dejar libre a un preso en tiempo de Pascua. Pilato quería dejar libre a Jesús, pero los maestros judíos estaban decididos a llegar hasta el final.

"Jesús tiene que morir", dijeron. "Dice ser el Hijo de Dios, y eso va contra la ley".

Al oír esto, Pilato se asustó. Ordenó que Jesús fuera azotado. Los soldados le pusieron una corona de espinas en la cabeza y se burlaban de él diciendo: "¡Salve, rey de los judíos!". Entonces Pilato lo exhibió ante la muchedumbre.

"¿Queréis que mate a vuestro rey?", preguntó.

"¡Crucifícalo!", respondieron. "¡Crucifícalo y deja libre a Barrabás!".

Entonces, Pilato gritó: "¡La muerte de Jesús es cosa vuestra!", y soltó al asesino Barrabás. Los soldados se llevaron a Jesús.

Obligaron a Jesús a cargar con una gran cruz
de madera por las calles camino del Gólgota,
el lugar de la ejecución. La gente se burlaba
de él y le escupía. Le fallaron las fuerzas y se
cayó, y los soldados ordenaron a un hombre
llamado Simón de Cirene que le llevara la cruz.

Un grupo de mujeres llorando seguía a Jesús.
Él se volvió y les dijo: "No lloréis por mí, más
bien llorad por vosotras y vuestros hijos".

Por fin llegaron al Gólgota. Allí, los guardias clavaron las manos y los pies de Jesús en la cruz. Asimismo, pusieron un cartel encima de su cabeza donde ponía: "Éste es Jesús, el rey de los judíos". Jesús sentía un gran dolor. Los guardias le ofrecieron vinagre, pero él no lo quiso. Después levantaron la cruz en medio de dos ladrones crucificados. "Padre, perdónalos", dijo Jesús, "porque no saben lo que hacen".

El Hijo de Dios

MATEO: 27; MARCOS: 15; LUCAS: 23; JUAN: 19

La gente se mofaba de él y le gritaban: "Si eres el Hijo de Dios, baja de la cruz y creeremos en ti". Uno de los ladrones se unió a las burlas.

Pero el otro ladrón dijo: "Nosotros merecemos este castigo. Este hombre no ha hecho nada malo. Jesús, recuérdame cuando vuelvas como rey".

"Te lo prometo", contestó Jesús. "Hoy estarás conmigo en el Paraíso".

Jesús miró hacia María, su madre, que estaba apoyada en el hombro de Juan y dijo: "Madre, aquí tienes a tu hijo". Jesús miró a Juan y dijo: "Aquí tienes a tu madre". Entonces Juan se llevó a María para que viviera en su casa.

Junto a la cruz, los soldados estaban echando
a suertes la túnica de Jesús.

De repente, a las doce en punto, el cielo se
oscureció y una gran sombra tapó el sol.
Durante tres horas apenas hubo luz. Jesús gritó
muy alto: "¡Dios mío!, ¡Dios mío! ¿por qué me
has abandonado?". Algo más tarde exclamó:
"¡Tengo sed!", y un soldado mojó una esponja en
vino, la clavó en un palo y se la acercó a los labios.

A las tres en punto, Jesús dio un grito terrible y dijo: "¡Todo ha terminado! Padre, en tus manos encomiendo mi espíritu". Y entonces murió.

Un soldado romano que estaba cerca, oyó a Jesús y dijo: "¡Este hombre era verdaderamente el Hijo de Dios!".

Otro soldado le clavó una lanza en el costado para asegurarse de que estaba muerto. Finalmente, bajaron su cuerpo de la cruz.

369

La
tumba

MATEO: 27-28; MARCOS: 15-16; LUCAS: 23-24; JUAN: 19-20

Al caer la tarde, vino José de Arimatea. Era un seguidor de Jesús y tenía permiso de Pilato para llevarse su cuerpo y enterrarlo.

José y Nicodemo prepararon el cuerpo de Jesús según la costumbre judía. Lo vendaron con paños de lino y algunas especias y lo pusieron en una tumba excavada en una roca. María Magdalena y otras mujeres estaban allí mirando, hasta que pusieron una gran piedra en la entrada de la tumba para cerrarla.

Al día siguiente era sábado y los judíos le pidieron a Pilato que vigilara la tumba. Se acordaban perfectamente de lo que Jesús había dicho sobre la resurrección.

371

El domingo al amanecer, María Magdalena y otras mujeres volvieron a la tumba.

Al llegar vieron que ya no estaba la piedra de la entrada y los guardias habían desaparecido.

En el interior, las mujeres encontraron a un ángel.

"No temáis", dijo el ángel. "Jesús no está aquí. Ha resucitado. Mirad, aquí estaba su cuerpo. Marchad y contadle a los discípulos las buenas noticias. Lo veréis pronto en Galilea, tal como prometió".

Las mujeres llenas de emoción y felicidad volvieron a toda prisa a contárselo a los discípulos.

Al oír la noticia, Juan y Pedro corrieron a la tumba y vieron allí las vendas que envolvían a Jesús durante el entierro. Creyeron lo que les habían dicho y se fueron corriendo, dejando a María Magdalena llorando en la entrada.

Entonces una voz le preguntó: "¿Por qué lloras?".

María pensó que sería el jardinero.

"Buen hombre, si ha retirado usted a mi Señor, por favor, dígame dónde puedo encontralo", dijo, "y me lo llevaré".

"¡María!", fue la respuesta. Era Jesús. Ella se puso muy alegre.

"Ve y di a mis amigos que me has visto", le dijo Jesús.

Resucitado

MATEO: 28; MARCOS: 16; LUCAS: 24; JUAN: 20-21

Ese mismo día, un poco más tarde, Jesús
se apareció a dos de sus seguidores cuando
volvían a casa desde Jerusalén. No lo
reconocieron y le preguntaron si quería comer
con ellos. Cuando Jesús partió el pan, se dieron
cuenta de quién era. Después desapareció. Los
dos hombres volvieron rápidamente a Jerusalén
a contar a sus amigos lo que había pasado.

Cuando los hombres estaban contando su historia, de repente Jesús se les apareció a todos diciendo: "La paz sea con vosotros". Los discípulos se asustaron mucho porque pensaron que estaban viendo un fantasma.

"Mirad y tocad mis manos y mis pies", dijo Jesús, enseñándoles las marcas de los clavos. "Los fantasmas no son de carne y hueso".

Después se sentó y comió con ellos. Y supieron que él de verdad era Jesús, que había vuelto a la vida.

Tomás no estaba allí esa noche y cuando le contaron lo que los discípulos habían visto, no se lo creyó.

"Hasta que no haya visto y tocado las heridas yo mismo", dijo, "no lo creeré".

Una semana más tarde, los discípulos estaban reunidos otra vez. Jesús se presentó ante ellos y las dudas de Tomás desaparecieron.

La siguiente vez se apareció en Galilea.

Los discípulos habían estado en el lago toda la noche, pero no habían pescado nada. Por la mañana, un hombre los llamó desde la orilla. Era Jesús.

"Echad las redes a la derecha", les dijo, "y pescaréis algo". El hombre llevaba razón.

Después desayunaron pan y pescado con él en la orilla. Jesús le preguntó tres veces a Pedro: "¿Tú me amas?".

Y tres veces, Pedro respondió: "Tú sabes que sí". Y supo que lo había perdonado.

"Entonces, cuida a mis seguidores", le dijo Jesús.

El Espíritu Santo

HECHOS DE LOS APÓSTOLES: 1-2

Durante cuarenta días, Jesús se apareció muchas veces a los discípulos. Ellos sabían que Jesús había resucitado. Pero ya era el momento de dejarles. Por eso, Jesús llevó a sus amigos al monte de los Olivos y les dijo:

"Pronto Dios os mandará su Espíritu Santo. Se os dará el poder de contarle a todos los pueblos del mundo lo que he hecho y lo que haré por ellos".

Cuando terminó de hablar, Jesús subió al Cielo y una nube lo ocultó.

Entonces aparecieron dos hombres vestidos de blanco. "Jesús se ha ido al Cielo", dijeron. "Algún día volverá de la misma manera que hoy le habéis visto irse".

Cuando llegó el día de Pentecostés, todos los amigos de Jesús estaban reunidos en una casa en Jerusalén. De repente, se escuchó un ruido del cielo como un viento fuerte. Se les aparecieron llamas que se posaron encima de cada uno de los discípulos. Todos quedaron llenos del Espíritu Santo y pudieron hablar lenguas que no habían hablado nunca antes. Ahora podían predicar la noticia de Jesús por todo el mundo.

En Jerusalén había gente de muchos países. Habían venido a celebrar la fiesta. Para su asombro, empezaron a oír a aquellos hombres de Galilea, contándoles en sus propias lenguas, que Jesús había resucitado.

Pedro se levantó y se dirigió a la multitud. Prometió que si se bautizaban en el nombre de Jesús, Dios perdonaría sus pecados. Unas tres mil personas fueron bautizadas aquel día: había comenzado la Iglesia cristiana.

Los amigos de Jesús siguieron predicando la palabra de Dios. Sus vidas corrieron peligro muchas veces, pero ellos rezaban a Dios para que les ayudara y Él contestaba a sus rezos. Mucha gente iba a escucharlos y todos eran bautizados en el nombre de Jesús.

Y hoy en día, en todo el mundo, la gente todavía se reúne para escuchar el mensaje de Dios.